Z世代の闇

THE DARKNESS OF GENERATION Z

物質主義に支配される韓国の若者たち

THE YOUTH IN SOUTH KOREA DOMINATED BY MATERIALISM

シンシアリー SincereLEE

扶桑社

はじめに

はじめまして、またはお久しぶりです。私はシンシアリーという筆名を使っている者で、韓国で歯科医師をやっていましたが、不思議な縁により、いまは日本に住み、日本人になり、ブログや本を書いています。本当は故国を心配する愛国者ではないのか、と身に余る言葉をいただくときもありますし、民族の前に命で償うべき嫌韓作家だ、と言われることもありますが、別に他人にどう見られようが気にせず、40年以上韓国にいた経験を、ただ自分自身に「率直に」書いている今日この頃であります。

さて、今回の本は、韓国の20代、30代の人たち、韓国では「MZ世代」とも「2030」とも書きますが、彼らが示している、ある「不思議な現象」についてのものです。残念ながら、2030のことは2030にしかわかりません。4050が2030を「わかっている」というのは、よほどの専門家でもないかぎり不自然なことだと、私は思っています。

そして残念なことに、私も2030ではありません。よって、私がこの本で書きたいのは、「２０３０たちは『なにを』受け継いだのか」です。前の世代、さらに前の世代から続いている「なにか」について、彼らはどう受け継いだのか、そもそも受け継いでいるのか、受け継いだものがあるなら、それはどういうものなのか、そんな内容です。

読者のみなさんが、日本の２０３０について考えるとき、「そういえば、シンなんとかという人の本で、韓国の２０３０たちは〇〇だという内容を読んだことがある」と、ほんの少しながらなにかの参考になれればと、心から願います。

日本人の一人として。

２０２４年４月

シンシアリー

目次

第三章 2030の物質主義の根源

第四章 なぜ2030は「投資は公正だ」と信じるようになったのか

第五章 「公正さ」が「公正」とは限らない

第六章 2030の根底にある「反日思想」と「陣営論理」

第七章 「結局、お金」はどこまで続いていくのか？

第一章

韓国の「MZ世代」＝「2030」

「2030」の価値観

本書では、韓国社会全般をテーマにすることもありますが、主に韓国の青年層、つまり20代や30代についての私の考察を綴ることになります。かつてこの世代は韓国で「MZ世代」とよく呼ばれていましたが、最近は「2030」という表記が多くなりました。「M」はミレニアル世代（Millennial Generation）のことで、1980年代、1990年代前半に生まれた世代のこと。「Z」は、1990年代後半から2010年あたりまでに生まれた世代を意味しますが、範囲はちょっと曖昧《あいまい》です。Zという表記も、深い理由があるわけではなく、ミレニアル世代あたりを「Y世代」と呼んでいたので、Zになっただけです。MZ世代とは、ミレニアルとZの二つを合わせた表現ですが、外国ではあまり使わない表現だと聞いています。

ただ、現在20代~30代の人たちはMZ世代という呼び方をあまり好みません。その前までであった「Nポ世代（※結婚や出産など多くのことを諦めるしかない世代という意味）」のほうが適切だったのに、それを政治的な目的で打ち消すために急造された用語がMZ世代だ、という陰謀論のような話をする人もいます。そういえばMZ世代という言葉が流行《はや》る前には、3ポ（主に経済的な理由で、恋愛、結婚、出産を諦めた）世代という言葉が目立っていました。この言葉は、2011年、『京郷新聞《キョンヒャン》』のシリーズ記事で初めて登場したとされています。「しない」ではなく「諦めた」というところが、経済的な悩みを抱える当時の青年たちにストレートに響き、いわば〝ウケ〟がよかったので、そこからマイホームと人間関係を諦めた5ポ世代という言葉が流行ったりしました。そこからいくつかのバリエーションができたり、数字がどんどん増えたりして、いつのまにか「多くのものを諦めた」という意味でNポ世代となりました。

個人的には、生まれた期間やその順番から来た表現なので、別にMZ世代でもいいじゃないかと思いますが、当事者たちからすると、上の世代の陰謀に見えてしまったのでしょうか。「MZ世代とは呼ばないようにしよう」と提案する国会議員もいて、最近は各メディアに「2030」という表現が増えました。後述しますが、いわゆる「不信」もまた2030を代表するキーワードなので、こうした陰謀論騒ぎも、2030をめぐる象徴的な出来事と言えるかもしれません。

それでは、彼ら2030は、どんな価値観を持っているのでしょうか。どんなアイデンティティを持っているのか、と書いたほうがいいでしょうか。自己同一性、アイデンティティ――なにを求めて、どんなスタンスで世界を、自分を見ているのか。なにかの分析を始めるなら、ここからでしょう。いつものことですが、私の見解は韓国人の韓国論としては図抜けて変わり種ですので、ひとまず措《お》いておきつつ、まずは韓国内で一般的に出てくる見解をいくつか紹介します。

最重要キーワードは「自分中心」

まず「その1」に、「個人主義である」こと。他の国でも、若い世代に関して前の世代の人たちがなにかを分析するとき、ほぼ例外なく「個人主義が強い」とします。韓国も例外ではありません。論文や記事など多くの見解をまとめてみても、もっとも共通して語られるのが、「2030においてもっとも重要なキーワードは『自分中心』である」です。「自分を重視する個人主義傾向」、「社会や職場より自分を優先」などで表現されます。お金を使うにも、「自分向け」のものにこだわります。「面白さの追求」と表現されることもあります。しかし、日本のようにいわゆるオタク文化が発展しているわけでもないし、学校生活も韓国では〝絶対的な入試中心〟になるので、部活などの経験もほとんどありません。多様ななにかを求めてはいるけど、家に引きこもってネットをやる以外には、有形無形の「インフラ」が足りないとでも言いましょうか。その影響か、時間をつくって海外旅行することを、韓国の２０３０はすごく重視します。海外旅行から多様性の満足を得ようとしている、といったところです。というか、いまの韓国の２０３０が知り合いと会って話す内容は、「旅行と投資の話しかない」気もします。

こうした背景に加えて、もともと他人と比べられることを気にする国民性もあって、韓国社会には「海外旅行に行けないのはすごく賤《いや》しい」ことと認識する風潮があり、これは若い人たちの間でも同じです。ひょっとすると、彼らは韓国の外に出ることで自分が自分らしいということを表現できると思っているのかもしれません。本当は外国で「なにをどうしたいのか」が重要なのでしょうけれど、主客が転倒しているとでも言いましょうか。

韓国の60代は、「趣味が登山しかない世代」と言われています。もともと登山好き民族（？）といってしまえばそれだけかもしれませんが、他に趣味生活がほとんどできなかった世代だし、強い反共（反・共産主義）・愛国中心教育を受けた世代なので、「国土愛」が無意識的に発露しているという見方もできます。そうした60代に比べると、いまの韓国の2030の人たちの「楽しみ方」は画期的に多様化されたとも言えます。ですが、私が日本で暮らしているからでしょうか。自分の趣味や好みを求めるという側面では、まだまだ日本には遠く及ばないでいます。

別に観光に限った話ではありませんが、こう考えてみると、韓国人が憧れる世界が日本には存在するのかもしれません。最近、日本に来る外国人観光客たちは、「どうやってそんなところまで知っているのか」と不思議なくらい、日本の各地を楽しんでいます。これは、外国人観光客がソウルに集中している韓国との大きな差でもあります。もう10年近く前から韓国では日本旅行が大ブームですが、特に若い人たちが求めるものは、数少ない巨大な観光地ではなく、多くの「それぞれの楽しみ」ではないでしょうか。こういうのもまた、日本の強みでもあります。私もそうした外国人観光客の一人だったので、よくわかります。最近はバスツアーなどで、1か月に1回は日本各地を回っています。

少し話が逸れましたが、そもそも個人主義という指摘は、書き方によってポジティブにもネガティブにもなるでしょう。ただ、個人主義だろうと集団主義だろうと、過ぎれば問題になるのは同じこと。ある程度なら当然の権利意識が強くなっただけとも言えるし、多様な楽しみが見つけられるようになったとも言えるし、別に悪くはありません。他の国でも共通して現れている傾向です。ちなみに、ここでいう「多様性」は人それぞれの多様さを意味するもので、民族や人種、宗教、性別、年齢などに対して差別的な表現を避け、社会を正していくとする「ポリティカル・コレクトネス」、いわゆるポリコレの話ではありません。部分的に重なる領域はあるかもしれませんが、韓国の２０３０のポリコレはちょっと他国とは違う面があり、これについては「その４」あたりでお話しします。

「公正なのは投資だけ」

次に、韓国の２０３０のアイデンティティ「その2」として、「公正なのは投資だけ」という認識があります。これは、他国に比べてかなりユニークではないでしょうか。同じく青年世代の価値観に関する他国の分析からは、あまり見られない傾向です。たしかにお金の稼ぎ方が多様化されたとか、使い方が多様化されたとか、そんな話はよく聞きます。生活に必要な資金、またはその目処《めど》が立ったら早めに仕事から離れる「ＦＩＲＥ」現象（人にもよりますが、相応の投資と自己資本が必要になります）とか、または極端に使い方を減らす人たちの話もニュースになったりします。逆に、欧米の一部地域では、明日のことはあまり考えずにクレジットカードを乱発する人たちもいると聞きます。投資というか、生き方にはさまざまなものがあり、ドールを「娘」として本の原稿を書いている私のような元歯科医師もいたりして、ニュースになったりならなかったりしますが、それでも、青年関連で「公正なのは投資だけだと思っている」とする分析など、他国では聞いた記憶がありません。ひょっとすると、韓国特有の現象ではないでしょうか。

この件、「個人的な見方は後にすると言っていたが、これこそ個人的な見解ではないのか」と思われるかもしれませんが、実は2021年5月に韓国の金融監督院（日本の金融庁のような機関）が出した公式レポートの内容です。同月28日の『毎日経済』紙などが記事にしています。あとで、報告書内容や記事などを引用し、もう少し詳しく掘り返してみます。

別に投資をしたければ、自分自身と周りに迷惑がかからない範囲内で自己責任でやればいいだけの話です。ですが、実はこの現象からは、二つの『信頼の崩壊』を見出《みいだ》すことができます。一つは、これがストレートに「投資が公正だ」という認識を示してはおらず、

「他のものより〝それでも〟投資が公正だ」という認識である点。すなわち、お金を稼ぐという経済活動のすべてが「いくら頑張っても不公正な結果にしかならない」とする、経済システムへの信頼の崩壊です。結構前にネットでバズったフレーズに、「働けば負けだと思って」というものがありますが、この場合、「まともに働けばバカだと思って」になります。

そして、もう一つは、その「稼ぎ」へのアクセス手段として伝統的に教えられてきた「教育システム」に対する信頼の崩壊です。どれだけ頑張って勉強しても不公正な結果にしかならないという考えが、２０３０の間で広がっているわけです。見方にもよりますが、いわば「熱心に働けばお金持ちになれる」と「熱心に頑張ればお金持ちになれる」という二つの教えに対する信頼が崩壊しました。仮に「お金持ちになれる」ではなく「立派な人になれる」としたなら、結果は少し変わっていたかもしれませんが、韓国というのは不思議なほど物質主義な考えが強く、そうした大人たちを見て育った子供もまた、物質的なものでなにもかもランク付けをする悪い癖があります。

かなり以前から多くのメディア、『朝鮮日報』や『中央日報』などのメジャーな新聞社や地上波放送などが取り上げていますが、韓国では小学生の間で「階級論」や「言語暴力」（マイホームを持っていない子を「物乞い」とするなど）が広まっていることが問題となっています。そのなかには、学校に皆勤する子を「海外旅行にも行けない皆勤物乞い（海外旅行に行く場合は通常、学校を休むことになるので）」と呼ぶという話もあります。こうした胸が苦しくなる話も、「まじめさ」という価値観が崩れている裏付けかもしれません。このように「韓国の青年たちは投資が好き」というのは、単純な投資熱の高まりという形では捉えきれません。

時代の流れでもあるとは思いますが、韓国で「教育による出世」が信頼されなくなったのは、個人的にかなりの衝撃です。私は１９７０年代に生まれた世代で、大学入試制度そのものが二回も変わるなど、これまで学校文化の変化を経験してきましたが、それでも韓国の学校が教える「出世のための方法」は不変でした。すなわち、「ただただ、大学入試でいい大学に入れ」、それだけです。死ぬ気で勉強して「サが付く職業になれ」または「大企業に入れ」です。サが付く職業とは、医師、弁護士、検事など、韓国読みで「サ」で終わる職業のことです。最近は、その「サ」で終わる人たちも稼ぎがパッとしないので、「医師になれ」と「サムスン電子に入れ」だけにフレーズの種類も減りました。

ちなみに、韓国には旧正月の「ソル」と旧暦8月15日の「秋夕《チュソク》」など、いわゆる名節《ミョンジョル》に家族が親の家に集まって、先祖の墓参りをしたり、家庭で祭祀を捧げたりする風習が残っています。最近はあまり見かけなくなりましたが、先祖の墓の前まで多くの料理を運んで、そこで先祖の墓で簡単な祭祀を捧げ、墓の前で料理を家族全員でニコニコしながら食べる——いま思えばかなりシュールな光景ですが、つい1990年代までそうした姿が珍しくはありませんでした。そんな名節のとき、伝統的に「若い人がもっとも言われたくない言葉」の代表が、「サムスンに入れないの?」でした。いくつかのバリエーションがありますが、これを言われるくらいなら親族の縁を切る（祭祀など親族イベントに参加しない）という人も多かったと言われています。韓国は想像を超えた競争社会、特に「教育熱」という名の炎に包まれている社会だということです。

1970年代から、「亡国病」とどれだけ言われたことでしょう。テレビ、ラジオ、さらには子供用の新聞にまで、本当に多くのメディアがこの点を指摘しましたが、いまだに治る気配がありません。そんななか、2030とされる若者たちが教育を信じなくなり、その結果、信じるようになったのが「投資だけは公正だ」という価値観とは……。まさしく「此《こ》は如何《いか》に」としか言いようがありません。価値観が変わったという言うべきか、それとも崩れたと言うべきか。

インターネットの功罪

２０３０の特徴の「その３」としては、デジタル文化、インターネット文化があります。これは日本もそうですが、世界各国で似たような分析が出ています。韓国のいまの20代は、「インターネットを支配する者が世界を支配できる」というフレーズを聞きながら育ちました。当時、高速インターネット普及のための宣伝フレーズにこの言葉が登場し、話題になりました。いまでも「○○を支配する者が世界を支配できる」というフレーズは、韓国のネットでよく見られます。このフレーズの発祥は、そもそも回線の速度に関する宣伝だったと記憶していますが、それでどうやって世界を支配できるのかまではよくわかりません。しかし、１９９７年に財政破綻し、経済主権を国際通貨基金に渡していた韓国にとって、この「支配」というフレーズが格別なものだったのかもしれません。

２０００年代になって当時の金大中《キムデジュン》政権は、インターネット普及にかなり力を入れていました。同時に最近は他の国でも社会問題化しているネットの副作用、たとえば誹謗中傷やフェイク・ニュースの拡散などが他国より早い時期に広く現れたことや、金融機関・政府機関のサイトを利用するには公的認証書など独自のプログラムが必要で、しかもほとんどがアクティブX、すなわちインターネットエクスプローラー以外のブラウザではちゃんと使えなかったことなど、さまざまな問題が起こりましたが、それでも韓国は、当時の経済状況からは想像もできない、高速、超高速インターネットが急速に普及しました。

２００２年12月の大統領選挙で当選した盧武鉉《ノムヒョン》氏のことを、「世界初のネットの力による大統領」とする人たちもいます。ネットの影響を強く受けて当選できたからです。すごいといえばすごい話ですが、これは当時「ノサモ（盧武鉉を思慕する会）」とされる一部の人たちがネットで選挙運動を繰り広げ、ちょっと書き方を変えれば盧武鉉氏を美化する一方で相手陣営への攻撃を繰り返した結果であり、個人的にそこまで褒められるようなことだとは思っていません。ちなみに、こうした「熱烈なファンによるネット活動」は韓国の大統領及び有名政治家にいまでもつきまとっており、たとえば文在寅《ムンジェイン》大統領にはムンパ（文派）という鉄壁の支持層が多いことで有名でした。

普及初期から、このような大きな影響力を発揮していたインターネット。その副作用、特にこのとき、5年で終わるはずの左派政権を10年（金大中・盧武鉉）にしてしまった影響については、後で詳述したいと思いますが、こんな時代に生まれたいまの２０３０たちが、ネット、またはデジタルの影響下で育ったことは、他に説明も必要ないでしょう。だから彼らのことを、デジタル時代のネイティブたちだと言う人もいます。

　実はインターネットの急速な普及は、韓国にとっては思想、または「国是」とでも言うべき価値観の変化とつながっており、彼ら２０３０が前の世代と思想的に、価値観的に断絶されている大きな理由でもあります。つながるための道具で断絶されたというのも妙な話ではありますが、それでもネットが政治に及ぼす影響とそれを当然とする若い世代は、彼らを恐れる大人たちよりも大きな影響力を、ネットを通じて政治にまで及ぼしています。ネットにより政権が変わり、思想が変わり、国是まで崩れたことを、いまの若い世代はよく知っています。同時に、「自分が属していない陣営」を悪魔のように〝（ネットに）書く〟必要があるということも。

都合のよい「選択」と自己矛盾

最後に「その4」ですが、それは「選択的」ということです。この項目は、他の資料にはさまざまな形で表現されていますが、私は「選択的」としました。なにが選択的なのか？　あえて「多様性」や「個人主義」と項目をわける必要があるのか。私は、十二分にその価値があると思っています。

選択的という言葉がどういう意味かと言うと、よく言えば「それはそれ、これはこれ」で、悪く言えば「都合がよすぎる（虫がよすぎる）」となります。前者なら、私は別に問題にしません。しかし、後者の場合、すなわちある概念、通念、または雰囲気や流れ、そんなものに賛同または反対するとしつつも、自分の都合に合わせて、それとは矛盾する行動をするという意味なら話は別です。

この選択的であることが、もっともよく現れるのが日本旅行です。日本製品不買運動などの社会的な雰囲気が強くなっている場合は別として、通常、韓国の若者たちは「日本嫌い」と言いながら日本旅行に行ってお金を使います。「私は反日思想に同意する」としつつも、「でも、私が日本に行って遊んでくるのは、それは別」ということです。この「それとは別」が、本書で言う「選択的」、すなわち、たとえ矛盾していても、自分が取りたい部分だけを取ろうとする2030の特徴です。

いまは日本在住の日本人になりましたが、私も日本旅行に情熱（と旅費）を燃やしまくった一人です。秋葉原でフィギュアも結構買いましたが、特にボックスが大きくて苦労しました。よく家まで持ち帰ったものだと、いま思えば自分でも驚きです。現在は、私はバスツアーにハマっています。まさに「沼にハマった」レベルで、1か月に1回以上は利用しています。さすがにバスだから「なんで『東京発北海道めぐり日帰りツアー』がないのか」とは言えませんが、多くの「知らなかった日本」が見えてきて、とても満足しています。人的・物的インフラ（旅行というのは実にさまざまなインフラが調和しないと楽しくなれません）が素晴らしいのは言うまでもありませんが、「あまり積極的に行きたいと思わなかったところ」にも足を運べるのがバスツアーの嬉しいところです。実際に訪れてみると、来てよかった、見てよかった、自分で感じてよかったと思うところばかりです——と、話がズレましたが、それはともかくとして世界中で日本ファンが増え、オーバーツーリズムと言われるほど日本旅行のブームが続いています。韓国もそれは同じで、距離的に近いこともあり、連休や週末だけの短い日程でも、日本旅行を楽しむ人が溢《あふ》れています。本書の発売前、もっとも旅行シーズンとされる2024年2月の旧正月「ソル」連休では、韓国の海外旅行先は、「東南アジア」とひとくくりにされている項目を除けば、国家としてはダントツで日本が1番人気でした。福島原発処理水の問題などで、中国からの訪日客が減少しましたが（政治的な理由で訪韓観光客も予想よりずっと少なかったですが）、韓国でも同じ案件がフェイク・ニュース含めて大きな話題になったにもかかわらず、中国とは異なる結果になりました。

この件を扱う韓国メディアでは、「円安だから」「連休が短いから」という点が強調され、ほとんどの記事の題に〝安っ〟と書かれていました。たしかに円安の影響は大きいとは思いますが、それだけではないでしょう。どうしても日本旅行の「日本というインフラの優秀さ」を隠したい理由があるのでしょうか。先にも書きましたが、海外旅行、特に日本旅行は韓国人にとって（本人は「楽しい」と認識しているかもしれませんが）、「行くべき」という憧れに近い側面があることに加え、韓国の国内旅行先の物的・人的インフラがネットの時代を生きる人たちを満足させられないことやソウル市への一点集中化などの要因と相まって、総合的に韓国内での日本旅行の人気は衰える気配を見せません。昨今の円安もひとつの要因ではありますが、日本旅行ブーム自体はかなり前から続いており、その時期がすべて（ウォン基準で）円安だったのかというと、それほどでもありません。

実はこの件、今年2月にブログでも取り上げました。そして、その際に私がまだ韓国人だった頃に書いた「韓国人による日韓比較論」シリーズ（扶桑社）を思い出しました。基本は私が日本と韓国で見て聞いて感じたことを並べる内容ですが、当時の私は日本人ではなく、日本からすると「外国人観光客」の一人でした。日本に来ると（行くと）いつも羽田空港に降りてモノレールで浜松町まで行き、予約した東京のビジネスホテルに行くか、東京駅で新幹線に乗るかのルートでした。その際、駅や電車などで誰かが話す韓国語が聞こえてくることも少なくありませんでした。

ただ、特に若い人たちの場合、とにかく日本への文句が多いです。「交通費が高い」など客観的な話ならまだわかりますが、その多くは個人的というか主観的というか、韓国と「異なる点」への不満のようなもので、「そこまでいちいち気になるなら、なぜわざわざ日本に来るのだろう？」と、いつも不思議に思っていました。そうした人たちが初めての日本旅行で、もう二度と来ないというのならわかります。しかし、韓国人の日本旅行の場合、リピート率が高く、さらに2回目の日本旅行した人になると、7割以上が「また行く」と答えたアンケート結果もあります。「韓国人による日韓比較論」初期にもそんな話を本に書いたりしましたが、2月にブログを書いている時期は、処理水などが騒がれていたこともあり、「そこまで嫌いなら、なぜ日本に来るのか?」という長年の疑問について、改めて検索をかけてみました。私はこうした検索をする場合、相応のキーワードとともに「心理」という言葉を混ぜて検索をかけます。

するとネットの掲示板などあまり目立たないところでの話ではありますが、私が書いていることとまったく同様の話が書いてあったりしました。つまり、「日本に行ってきた人たちの反応」について、疑問を提起する趣旨です。「いつもは日本についてはひどいことばかり話しているのに、なんで日本旅行に行ってくると、日本に行ってきたと自慢ばかりするのか、わけがわからない」、「友だちと日本旅行に行ってきたけど(※自分は十分楽しめたとしながら)、一緒に行った人は、日本でいろいろ楽しみながらもずっと日本社会について文句を言っていた。本当に気まずい。いったいなにがどうしたというのか」といった話です。

そして、いくつかの書き込みに共通する内容として、「なぜ嫌いだと言いながら日本に行くのか?」「十分楽しいのになんでそんなに文句ばかり言うのか?」と本人に聞いてみても、「それとこれとは別だからに決まっているだろう」と、その相手は「怒る（話を切る、大声を出すなど）」というのです。それ以上は話せる雰囲気ではなくなり、さすがに面と向かってはそれ以上言えなかった……と。

こうした矛盾や破綻、ならびに都合のよさを含んだものが、私が「その4」に挙げた「選択的」のネガティブな側面であり、これは多様性や個人主義とはまったくかけ離れたものです。こうした都合のよさはポリティカル・コレクトネスに関しても同様で、それゆえ公正というより「自分以外は悪で、自分は正しい」という自己正当化による新たな対立へと発展してしまう傾向があります。

第二章

2030の「圧倒的な「持論のなさ」

韓国社会の持論

このほかにも細かな点はあるものの、とりあえずおおまかに「その1」から「その4」までとしました。そして、これらの特徴にはある共通する部分があります。共通するというか、「随分《ずいぶん》前から変わっていない」と書いたほうがいいかもしれません。つまり、前の世代の人間、「4050」の私から見ても、私が「2030」だった頃に体験した韓国社会の特徴と変わっていない部分があります。しかも、それらはいくつかの資料にあたり、さらに遡ると、朝鮮時代から変わっていないことがわかります。

ですので、本書では「2030」の特徴について「その1」から順番に詳述していこうかとも思いましたが、複合的な要素が絡み合っている事案だけに、「その1」から「その4」のすべてを統合しつつ、まずはその共通点について書いていきたいと思います。共通点を見出すことで、「その1」から「その4」までのすべてを、さらにまとめることもできるでしょう。

では早速、2030世代の特徴の共通点とはなにか？　一応、本書の核心ワードなので少し焦らそうかなとも思いましたが、ネットの書誌情報などに書いてあるでしょうから、早めに書いておきます。それは、「持論がない」です。芯がないというか、人を導いてくれる一般論、または社会的通念がない、そんなところです。具体的にはこれから詳述しますが、個人的な見解とはいえ、この「持論がない」こそ、本書でもっとも私が強調したい点です。

みなさんは「その1」から「その4」を読んで、どういう共通点に気づかれましたか？それぞれに、いいとも悪いとも言える部分が含まれています。公正を気にしているとか、投資好きとか、ネット・デジタル文化のネイティブなどもそうですが、「選択的」という言葉もそうです。なにかを選択的に取るということが、無条件で悪いこととも言えません。選択の幅が増えるのはいいことだし、さまざまな可能性が広がるし、世の中の楽しみを増やすことでもありましょう。ただ、ルールを無視して自分勝手に虫がよすぎるスタンスで生きるなら、それは話が違います。たとえば、「不動産投資を行う人たちのせいで家が高くなってマイホームを買えない、結婚もできない、〝グラウンドが傾いて（不公正すぎて）〟投資もできなくなった、これはおかしい、公正ではない」、そんなことを言いつつ、結局は自分たちも不動産を買うためならなんでもする。このような「選択」のパターンがあるなら、それは矛盾しています。これはいま、韓国社会で実際に起きている矛盾でもあります。

いったいどういうことか。単に自分の都合だけを優先しているだけではないのか。日本旅行の話でも書きましたが、ちゃんとした反論、論拠などを持ち合わせないままに、怒る、被害者（被害を受けた世代）のふりをするのは、なぜなのか。範囲を広げてみると、日韓関係においても、過去に締結した条約を数十年後に「公正ではなかった」とひっくり返し、「それが正義だ」と主張することが、韓国では全国民的に支持されています。同時に、そんな韓国では、自国のなかでも告訴・告発が溢れ返っています。あとでまた紹介しますが、検察総長が「（告訴・告発の件数が）日本の60倍だ」と嘆くほどです。

この謎の現象について、ぱっと正解を出せる学者が現れることを心待ちにしたいところですが、まだ現れていないので、正解と言いきる自信はないものの自分なりの分析を提示しました。つまり、ひと言で言うと、「持論がない」からです。ここでいう持論とは、「変わらない価値観」とでも言いましょうか、それとも「受け継がれた精神哲学」とでも言いましょうか。「〜とでも言いましょうか」を繰り返すたびに、どんどん大それた単語が出てきそうで恐縮ですが、「時代が変わっても、変わらないもの」あたりにすると少しは落ち着く気がします。観念、通念、信念など、表現はどれも当てはまりそうですが、私は「持論」という言葉がもっともふさわしいと思っています。

日本とは、韓国とは

アイデンティティという言葉を日本語にすると、「同一性」という単語が出てきますが、アイデンティティは完全にオリジナル、スタンドアローンではなかなか確立されません。アイデンティティを「私は何なのか?」と表現することがありますが、私は個人的に「私は何なのか?」より「私はどうなのか?」のほうが、自分の行動や価値観に強い影響を及ぼすと思っています。自分が周りにとってどうなのか、役に立っているのか、社会においての自分の存在する位置や意味がどうであるか、という問題です。この過程において、社会の一般的な規範や価値と自分の相対化を行うことになります。そして、意識していようがいまいが、その両者が合致することができたとき、人は満足感を覚えます。こうした経験は主に青年時代から積み重ねられると言われていますが、実は赤ちゃんの頃からだという見解もあります。社会一般の規範や価値に逆らうことは、なかなか容易ではありません。時代によって社会の規範や価値は変わるものですが、そうでないものもあります。なかには、「存在そのもの」に根差すものもあります。

みなさんは、「日本人なら○○だろう」という言葉、聞いたことが一度はあると思います。日本を日本として存在たらしめているものは何でしょうか。国家のアイデンティティ、韓国では「正統性《ジョントンソン》」とも言いますが、そうしたアプローチだと「天皇が存在してきたこと」になるのでしょうか。とても素晴らしいことです。ただ、もう少し自由に、そして個人の経験をもとにして話すなら、どんなものがあるのでしょう。八百万《やおよろづ》の神様たちと共存を図ってきたことでしょうか。近年、よく聞く「絆」の存在でしょうか。こうした質問をされたときにとっさに出てきて、聞く人たちもその意味合いを一瞬で理解できる、でも詳しく説明しようとするとよくわからなかったりする、そんな言葉です。こうした言葉もまた、本当に素敵だと思います。もう少し伝統的な概念として、「和」でしょうか。これもいいですね。外から入ってきた一人として、常に意識していることでもあり、意識しているだけではどうにもならない「和」もまた、私の大好きな言葉です。ありがとうございますと言う人がいないと、どこからも聞こえなくなる、そんな美しい言葉。そんな言葉が聞こえてくるのは、いつもどこかで誰かが言っているからであり、私もできる限り言いたい。日本の街並みにいると、常にそう思います。

人それぞれではありますが、個人的に「そうそう」「あるある」「たしかに」と思えるものだけでも、かなりの数を並べることができます。季節や自然に関してもいろいろあるし、人に関しても、物に関してもいろいろあります。

最近の経験では雛人形。毎年2~3月になると、どこかに雛人形を見にでかけます。朝鮮半島には、伝統人形というものがありません。空港などで見たことがあるかもしれませんが、わざわざ伝統的に見えるように髪型や服装などをあしらった人形であり、「伝統人形」ではありません。北朝鮮側にも、伝統人形があると聞いたことがありません。まだ紀元前の頃、なにかの呪術用に作られた人形（というか、人の形をしたもの）なら出土されたものがありますが、それがいまどきの言葉としての「人形」に進化することはありませんでした。他の国にもあるにはありますが、日本の雛人形ほど一般的に愛され、そして進化し続けている人形は、そうそうないでしょう。２０２４年には、ちょっと勇気を出して

（すでに小さな雛人形を持っているので、新しく買う気もなしに人形店に入るには勇気が必要です）、埼玉県鴻巣《こうのす》市の有名人形店を訪れました。展示されている雛人形の中には初めて見るタイプのものもあって、また顔の描き方がユニークだったり、十二単衣《ひとえ》の色と屏風のデザインの組み合わせもさまざまな種類があって、店の方々はとても親切で、いろいろと楽しくお話を聞きながらとても勉強になりました。ちょうどミニチュアではありますが、お雛様の冠があったので、そちらを購入し、いまも大事に飾っています。その店の方からいただいたパンフレットに、雛人形の持つ雰囲気のひとつである「雅」に関する説明として、「些細《ささい》なもののなかにも、ある種の神々しさを求める私たち日本人」（〜の心と響き合うという意味で）と書いてあり、たしかにそれはそうだな、と気づきました。こうしたことも「日本というアイデンティティ」のひとつとして、十分成立するものではないでしょうか。人形だけではなく、「匠」たる存在に憧れることも、ある意味、人と神のつながりに憧れているからかもしれません。

余談ですが、欧米タイプの人形をあえて「ドール」と書くなら、そのドール関連でも、着せ替えドールは欧米で始まりましたが、各パーツをカスタマイズして自分だけのドールを生み出す形のドール文化は、日本から始まりました。ボークスという会社の『ドルフィー』シリーズがそれです。韓国、中国などにもカスタマイズ可能なドールはありますが、その大まかなサイズ（規格）は、日本のドールが基準になっています。服などが共用できるかどうかという、人形好きには全財産がかかっているとも言える問題だったりします。現代の人形文化においても、日本ならではの要素が文化をリードしているわけです。人形の種類は違えど、人に魅力を与える、そして、魅力を見つけ出そうと人に「そうさせる」なにかが、きちんと受け継がれているのでしょう。

近くに普通にあるものといえば、別に人形だけではありません。ちょうど2024年1月、日本の月面探査機「スリム」が月面に着陸し、地質学的価値のある特殊写真を含めていくつかの画像、データなどを地球に送信しましたが、その際にスリムより先に月面に降りて（スリムから射出されて）写真撮影などの役割を果たした小型ロボット「SORA・Q」は、ゾイドやトランスフォーマーなどで有名な玩具メーカー・タカラトミーと共同開発されたものです。玩具の制作から蓄積されてきた技術が、月面で人類の役に立ったと思うと、本当に日本らしいというか、素晴らしいことです。私たちの近くのものから、「神々しさを見出そうとする」概念があったからこそ、できたことではないでしょうか。

韓国に蔓延る持論もどき

　こうした話まで含めると、「日本は○○」「日本人なら○○」といったアイデンティティを感じさせる事柄は、かなり多いように思います。いわゆるエスニック・ジョーク（民族や国民性、国家を題材にしたジョーク）のようなものから、心にぐっと来るもの、いつもは「そんなもんかな」としか思っていなかったけれど、いざというときに限りなく支えになってくれるもの。いろいろあるでしょう。こうした事柄を、アイデンティティと似た表現として「社会の持論」と書いてみたらどうでしょうか。社会の不文律というか、世代を超えた哲学というか、そんな感じの、なかなか変わらないもの。決して永遠不変とは言えないし、ほとんどは成文化されているわけでもないし、義務や強制でもないけれど、短い期間で急に変えられるものでもないし、わざわざ具体的なアクションを起こして時間と努力を注いで変えるほどの社会的共感が形成されたこともない、これからもありそうにない、そもそも同意するかどうかはともかく、わざわざ否定するほどの理由もそう見つからない、そんなものの総称として。ここではあえて、このように社会に受け継がれる精神世界の共有哲学、概念をその社会の「持論」と表現します。「持論」という単語のチョイスの可否はともかくとして、それでは、韓国にはどういった「持論」があるのでしょうか。

社会レベルの「持論」、韓国社会とはこうであるとされる概念について、韓国にもいろいろあるにはありますが、ちょっと体感または実感できない内容が多いのが特徴です。全社会構成員に例外なく適用されるわけではないでしょうけれど、理論と実際があまりにも合わない、社会持論〝もどき〟が多すぎます。先ほども、伝統人形ではなく伝統的に見せる人形ならあると書きましたが、似たようなものかもしれません。こうした話にはある程度の美化も付随するとはいえ、だとしても「とりあえず美化優先」で考えたのではないか、そんなものです。ひとつたとえるなら、謝罪と許しにおいて、韓国では「韓国人は相手が謝ればすぐすべてを許す」が定説になっています。「擦《こす》れば鉄も溶ける」なんて言葉もあります。ここで言う擦るというのは、両手のひらを擦る（自分を許してくれ）という意味です。昔は民間信仰や仏教の寺などで、祈りを捧げながら両手のひらを擦る動作があり、そこから来たものだと言われています。ただ、寺などではゆっくり擦りますが、許してくれと擦るときには、土下座など果てしなく卑屈な姿勢で、ものすごい勢いで擦ります。だから「溶ける」というわけです。事案にも人間関係にもよる部分はあるでしょうけれど、韓国の社会で実際に生きた経験に照らし合わせて、「謝ればすぐ許す」というのは、どこの宇宙の話なのかよくわかりません。私がそうなのですから、日本のみなさんはさらにそうでしょう。日韓関係において、「謝罪と賠償」はいつもつきまとうフレーズですから。

ちょうど2024年2月15日、韓国の大手『中央日報』に、同じ話が載っていました。基本的には、尹錫悦《ユンソンニョル》大統領とアジアサッカー大会でさほどよい成績が取れなかった韓国サッカーチームのクリンスマン監督に関する記事で、「謝ればいいのになんで謝らないのか」とする内容です。尹大統領は、主に奥さん関連でした。金建希《キムゴンヒ》大統領夫人が、理事で勤務した会社の株価操作疑惑、そして北朝鮮と親しい関係にある人物から高価なバッグを受け取り、「南北関係について話す場を設ける日も来るでしょう」などと話した件（そうしたことは大統領夫人の権限ではありません）で、尹大統領にとって頭の痛い展開になっていました。尹大統領は、2月4日の新年対談番組に出演したものの、この件について、これといった言及がありませんでした。

クリンスマン氏の場合、監督職を辞めて米国に帰りましたが、「一言も謝罪もしないで米国に帰ったのか」という非難が集中していました。尹大統領はともかく、サッカーの監督が負けたからといって国民に謝罪すべきなのかどうか、まずここから微妙ですが、そこはともかくとして、記事は韓国人の「謝罪と許し」について、こう書いています。ちょっと引用してみましょう。本書の引用は、ネットに公開されている各資料に限って（非公開の部分は直接引用しません）、該当部分だけを〈…〉で引用しています。引用部分の中に（）があっても、それは引用元の原文のままで、もし私がなにかを書き加える場合、（※）を付けています。

〈…わが国の国民は、相手の謝罪にとても敏感だ。相手の誤った行為よりも、謝罪しないことにさらに怒る。逆に、道路で乱暴な運転をした人の車でも、ハザードランプをつけてくれるなら（※韓国でも「すみません」「ありがとう」などの意味になっています）、それだけで心はスーッと溶けていく。「アイムソーリー」や「スミマセン」を毎日のように口にしながら生きている米国、日本のような国とは違うのだ。このような現実において、政治家たちの謝罪を分類してみると、大きく三つに分けられる。まずは「日本」式。やっと謝罪がもらえたかと思うと、すぐひっくり返される…二つ目は「自動販売機」式。自分に役立つと思われると、後先考えずに何度もとにかく謝罪する。過去のことで謝罪するならわかるが、未来のことまで謝罪したりする。謝罪する未来なら、いまからやらなければいいだろう。だから、あとになって「謝罪すると言ったが、もしかして本当に謝罪すると思ったのか?」などと言い出すことになる。最後は「ドナルド・トランプ」式。最後まで認めず、論点を曇らせる。まれだが、もうひとつの謝罪の種類があるにはある。間違ってもいないのに、「私が間違っていた」と言う、ソン・フンミン、イ・ガンイン、キム・ミンジェのような韓国サッカー選手たちだ。そんな彼らがいるからこの世はまだ気持ちよく生きていける。「勝者は間違えたときに『私が間違っていた』と謝るが、敗者は『お前のせいだ』と責め立てる」。アメリカのジャーナリスト・Jハービスの言葉だ（『中央日報』／2024年2月15日）〉

「謝ればすぐに許す」の嘘

ちなみにこの記事が載った数日後、イ・ガンイン選手が試合前からソン・フンミン選手と仲が悪く、暴力を振るった（殴った）こともあると報じられ、「世界的スターになんてことを」と袋叩きにされました。記事を書くのがちょっと早すぎたみたいで、2〜3日後なら、彼らの名前を出すことはできなかったでしょう。それはともかく、こうした社会的持論が、実際とかけ離れていること。これは、「謝罪（と賠償）」関連で散々韓国に苦しめられた日本のみなさんはもちろんですが、実は韓国内に住む人たちも同じことを考えています。韓国で暮らす人なら、「悪いことをしてないなら、なんで謝った」と一度は言われたことがあるでしょう。社会が人間関係でできているかぎり、よいことばかりの社会はありえません。ことの重大さはともかくとして、誰かになにかで謝る必要が出てきます。そんなとき、なにかの理由で誰かに謝ったあと、相手が素直に「もういいですよ」と許してくれるならいいのですが、韓国では、特にお金の話になるとそうはなりません。謝ってもそこで終わらず、謝罪以上のことを要求され、そのことで「それはもう謝ったではないか」「それとこれとは話が違うではないか（私の責任ではない、など）」と反論すると、その相手はほぼ決まってこう言います。「悪くないなら、なんで謝った？」。すなわち、悪い事柄に対して謝ったつもりでも、相手は謝ったから（その人が）悪いと認識、というか利用してしまうわけです。これが、韓国で不思議なほど告訴・告発が多い理由のひとつです。告訴・告発の件数は、年度によるものの、人口比で日本の百数十倍。特に、「誣告《ぶこく》」によるものが多く、明らかにわざと相手を告発することも少なくありません。制度が異なるので単純比較は難しい部分もありますが、偽証、誣告などは、同じく人口比で日本の数百倍にもなると言われています。

最近もスパイ道具のような小さな録音機、隠しカメラなどが人気で、親が小学生の子供のカバンに、先生を告訴するために盗聴器を仕掛けて話題になったりもしました。そして、このような事例において、仕掛けた人は決まって「弱者が身を守るためにやっただけだ」と言います。実際、東亜日報系列のネットメディア『ＩＴ東亜』は２０２３年８月１日の記事で、盗聴器・録音機などを「弱者の武器という認識が社会全般に広がっている」としています。多くの国では、このような行為は違法です。『ＩＴ東亜』によると、そもそも録音自体を違法とする国もあり、日本、イギリスなど、その利用（通話の録音内容を他人と共有することなど）を違法とする国も多いですが、韓国にはまだそのような法律はありません。もし法律を作ったら、社会の反発が半端ないでしょう。「私たちの武器を奪われた」と、自称弱者たちが立ち上がるはずですから。

この無分別な告訴・告発、そして誣告といった特徴をもっともよく表しているのが、２０１７年５月２日の「反座制」発言ではないでしょうか。個人的に、告訴・告発の多さに関しては、いつもこの件を思い出します。連座制ならともかく、反座制とはなにか。それは、人を誣告、すなわち虚偽の罪で告訴した場合、告訴した人に「その罪」の刑罰を与える制度を意味します。たとえば、Aという人がBという人を「Bが私の弟を殺しました」と訴えたとします。しかし、調べてみたら嘘でした。その場合、Aには反座制として、Bに被せようとした罪、すなわち「殺人」に値する刑罰が与えられます。これが反座制です。中国由来のもので、朝鮮半島にも朝鮮時代までありました。

2017年5月2日、当時検察総長だったキム・スナム氏は、幹部会議で「告訴告発、そして誣告が多すぎる」としながら、「反座制を導入すべきだというのが、法律関係者たちの率直な心境である」と話しました。本当に導入しようという意味ではありません。そこまで処罰を強化しないといけない状況だ、という意味です。同日の『中央日報』からキム総長の発言を引用してみますと、「虚偽告訴と無分別な告訴による被害が深刻だ」、「日本と比較してみると、告訴・告発の絶対数で韓国が日本より60倍も多い（人口比で約150倍）」、「誣告は司法秩序を乱し、被害者を量産して社会葛藤を助長する悪質な犯罪だ。朝鮮時代の無告罪に対する反坐制度を参考にする必要がある」、などです。こういうデータを並べてみると、これのどこをどうみれば「ひと言謝罪すれば、スーッと溶けていく」社会になるのか、個人的にもデータ的にも、わけがわかりません。

ちょっと「一例」の説明が長くなりすぎて恐縮ですが、このように韓国で「○○は○○なもの」たる社会的持論は、理論と現実の溝が広く、深すぎます。先ほども書きましたが、日韓関係において、何度も謝罪した日本に対し、事実上の「やり直し」を要求し、すべての原因を「お前のせいだ」としている韓国のスタンスからして、さらに言えば韓国内部から極めて一部の学者以外に、こうしたスタンスに異論を述べる人がいない、いたとしても社会的に潰されるという現実からして、一目瞭然です。「謝ればすぐに許す」など、到底納得できない〝持論もどき〟です。「伝統人形はなく、伝統人形っぽく塗ったものならある」と書いたばかりですが、持論ではなく、持論っぽく飾っているだけのような、そんな気もします。

日本でなにか歴史的な建造物、たとえば建物や橋など、そうしたものを復元するときには、できる限り資料を集めて「元はどんな姿だったのか」を重視します。だから、出来上がった（復元された）ものは、それぞれ少しずつ異なり、その地域、その時代などによって、さまざまな特徴を持っています。しかし、韓国では、なぜか復元されたものが「残っていたオリジナルの状態から想像もできない」ものだったり、「どんな地方のものでも見た目が同じ」だったりします。こうした事象も、オリジナルがどうかよりも、どうであるべきかを重視した結果ではないでしょうか。社会的持論もまた、似たような方向性を帯びていると言えるでしょう。

そういえば軍事政権だったころ、古い墳墓などを発掘する際、政府は「黄金でできたものが出てくるのかどうか（韓国の歴史を自慢できるものが出てくるのかどうか）」だけ重視し、発掘チームが「やってみないとなんとも言えません」と答えると、支援金がもらえなくなったり、メディアもまた「出土もされていない黄金の冠を報じたりした（キム・テシク国土文化財研究院研究委員、2016年12月19日『時事ＩＮ』寄稿文）」との話もあります。これも同じ心理の現れでしょう。

なぜ韓国には持論がないのか？

このように「ということにしよう」という雰囲気だけが溢れている、書き方を変えれば、社会的持論が混乱している、韓国。美化には美化なりに、使いようによっては肯定的な影響もなくはないはずですが、どうも体感というか現実感として、そうしたものからもかけ離れ、「持論もどき」が溢れている昨今の社会。韓国の２０３０は、まさにこの「持論がない社会を生きている」ことになります。そして、この持論のなさが、彼らに「悪い意味での選択的な生き方」を、まるで〝賢いこと〟のように認識させているのではないでしょうか。

もしそうなら、いくつかの疑問が浮かび上がります。「社会の持論が成立しない」のは、なぜなのか。社会全般として意志が弱いのか、それともなにか別の理由があるのか。社会の持論が現実と理論の間で〝ぶれている〟なら、それを修正できる、すなわち現実と理論のギャップを減らすことはできなかったのか。さらに言えば、「できなかった」のか、それとも「しなかった」のか。その理由はなぜなのか。私が思うのは、「黒幕が存在する」ということです。黒幕といっても陰謀論的なものではなく、実は社会の持論がなかったのではなく、表に現れない、絶対的な影響力を持つ別の社会の持論がすでに存在していたという意味です。

簡単に書くと、社会の持論もどきとして「社会は公正であるべきだ」としながらも、実際に人々の暮らしに影響力を及ぼしているのは「別のなにか」で、その「別のなにか」は、公正とはかけ離れた存在であるために、表には出ずに隠れていたのです。では、その黒幕とはなにか。またもや反論があるのも承知の上に書きますが、それは「物質主義」、「物質万能主義」です。これが韓国社会を延々と支配してきた、韓国社会の最大にして最強の持論です。他にどれだけ美しい持論が生まれようと、それを裏で支配してきたのは物質主義です。たとえば、「謝罪すればすぐ許す」という持論があるとしても、「告訴して賠償金をもらってやる」という物質主義的な心理が強すぎて、現実と理論のギャップが開いてしまうわけです。

この悲しい話の「帰結」である、いま現在の韓国社会に2030たちが置かれているわけですが……まず、韓国の精神哲学についての見解をひとつ紹介したいと思います。2023年8月12日『朝鮮日報』に載っていた寄稿文ですが、マックマスター大学（カナダ）のソン・ジェユン教授が書いたものです。この文には、個人的にとても同意できる内容が出てきます。「朝鮮時代の儒教学者たちを偉人としているが、実際、いまの韓国人が彼らから受け継いだ思想、哲学はどんなものなのか」という疑問です。教授も同じことを書いていますが、その質問にちゃんと答えてくれる韓国人はいません。儒教思想を専門的に勉強した人でもない限りは……。

この寄稿文は基本的に、韓国が中国哲学をあまりにも観念的に見ていること、特に朱子学《しゅし》〝だけ〟に集中しすぎている側面を指摘する内容ですが、教授は、それがよく表れているのが「紙幣」だとします。他の国にも哲学者が紙幣に描かれたことはあります。フロイトとデカルトです。しかし、この二人は世界的な影響を及ぼした人たちで、哲学に興味がない人でもある程度の影響、少なくとも「我思う故に我あり」や「リビドー」などの言葉は聞いたことがあるでしょう。一方、教授は韓国の紙幣に描かれている李滉《イファン》（1501〜1570年の儒学者）と李珥《イイ》（1536年〜1584年の儒学者）はどんなことをしたのか、韓国の人たちは、どんな影響を受け、どんな側面を尊敬しているのか、それがよくわからないと言います。これは、私もまったく同意見です。儒教思想において学問的な貢献をしたことはわかりますが、だからどうした、というのが率直な感想です。教授は、寄稿文の題で、こうした点が漠然とした「慕華思想（中華に憧れる思想）」の表れだとしています。逆に、日本では徳川家康や豊臣秀吉など大きな足跡を残した人が他にもいるのに、紙幣に描かれているのは、主に新しい時代を拓いた人たちであると。いまの日本は、どちらかというと江戸時代よりも明治時代の延長であり、その時代を拓いた人たちが紙幣に描かれているが、韓国ではこうした流れを見つけることができないというのです。以下、韓国側の記事としてはかなり珍しい類ですし、〈～〉で引用してみます。

〈…もともと東アジアの知識人たちは、先例を探求して新しい社会・経済的制度を立案し、間違いを批判し、政府の問題を指摘する経世家たちであった。しかし、現代の中国哲学は、彼らを修道士のように心を勉強し、宇宙の摂理だけを考えた、観念の哲人のようにしている。問題は、その範囲の狭い「観念一辺倒の中国哲学」が、1960-70年代台湾では国民党政権、いまの中国では中国共産党の理念を裏付けるイデオロギーとして作用しているという事実だ…ほとんど取り上げられていないが、「観念一辺倒の中国哲学」が韓国社会に及ぼした影響と副作用についても、もう取り上げるときが来た。観念一辺道の中国哲学は、韓国社会でも中国文明自体に対する無分別な幻想を生み出し、東アジアの伝統に対する理性的で体系的な批判自体を防ぐ、古い理念の盾の役割を果たしてきたからだ。中国哲学のさまざまな分野のなかでも、特に朱子学が最も課題だ。韓国はいまも紙幣に朱子学者を二人も載せている世界唯一の国だからだ。

1975年以来、大韓民国造幣公社は1000ウォン札、5000ウォン札紙幣に李滉と李珥の肖像を載せてきた。いつだったか、韓国に行ってきたアメリカ人科学者は、その点が本当に印象的だったとし、「世界で最も哲学的な貨幣（philosophical currency）」と話したことがある。それから彼は尋ねた。「いまもイ・ファンとイ・イの哲学思想が韓国人の精神世界に大きな影響を及ぼしているのか？ それでは、二人は果たしてどんな哲学思想を論じてきたのか？」。外国人としては当然の、よい質問だ。大きな影響を及ぼす人物でなければ紙幣に載せる理由がない。紙幣に載せるほどなら、二人の哲学は深い洞察と独自の思想を込めているはずだ。韓国とは異なり、他の国の紙幣には哲学者ではなく、通常、政治指導者や近代の著名な人物が載っているためだ…（※しかし、それに答えられる人はいない、とした後に）日本と比べてみると、イ・ファンとイ・イの肖像にこだわる韓国紙幣の特異さがさらに顕著になる。日本紙幣1000円札には著名な細菌学者の野口英世（1876〜1928）、5000円札には女性作家の樋口一葉（1872〜1896）、1万円札には啓蒙思想家の福沢諭吉（1835〜1901）の肖像画が載っている。3人とも1868年の明治維新以来、西欧近代文明を吸収して個人的成就をした近代知識人たちだ。(※近代化以前の時代にも徳川家康など英雄がいて)日本のどこに行っても博物館のように江戸時代の遺跡がある。それでも近代の知識人を紙幣に選定した理由はなんだろうか。

江戸時代、日本は約270の藩にわかれていた。明治維新以後、日本はそれらを県とする過程を経て、近代国家に再誕生した。いまの日本は江戸時代ではなく明治時代の延長であり、現代の日本の精神は明治時代以降、西欧近代文明を吸収しながら、異なる新しい段階に突入したものなのだ。新しい国の紙幣に新しい時代精神を象徴する新しい人物を載せるのはなにも不思議ではない。過ぎていった王朝の人物だけが載っている韓国の紙幣が不思議だ。なぜ韓国の紙幣には16世紀朝鮮の哲学者たちが載っているのか。イ・ファンとイ・イがそれだけ精神的師匠として尊敬されているからだろうか。近代には尊敬されるほどの人物がまったくいないからだろうか。そうでなければ、イ・ファンとイ・イの哲学思想を復興させ、道徳性と倫理意識を啓発しようとする国家の意図なのだろうか…(『朝鮮日報』)

「理想と現実の乖離」と「物質主義への依存」

韓国は、教授が言う新しい時代、日本で言えば明治維新からの時代になるのでしょうか、この時代の「偉人」として、独立運動家、民族主義運動家だけを取り上げています。しかし、微妙な人ばかりで、詳しくなにをやったのかと聞くと、返事はいつも決まっています。「なにって、日本と戦ったに決まっているでしょう」。大韓民国が国家として成立した1948年、その初代政府から、高度経済成長を導いた朴正熙《パクチョンヒ》大統領にいたるまで、大勢の人たちが「親日派（帝国主義時代の日本に協力的な人たちだった）」としている韓国。そんな人たちを偉人にするのは、無理があったからでしょうか。しかも、独立運動家の多くは朝鮮戦争の前に北朝鮮側にわたっており、戦後の思想（北朝鮮との対立）からして、教科書に載せるには無理があります。国歌を作曲した人も親日派の可能性があり、国歌を変えるべきだ、紙幣の肖像画を描いたのが親日派だから紙幣を変えるべきだ、そんな話まで出ている今日この頃です。

朝鮮半島が近代化したのは併合時代の影響が大きく、その時代にやっと近代教育を受けた人たちが現れたのは、当たり前のことでしょう。だから、出てくる話は決まっています。

「日本と戦ったから独立運動家は偉い」。一方、韓国のために果たした役割を論じる場合、ほぼ間違いなく「でも、その人は親日派だろう」、または「でも、その人は共産主義者だろう」という議論に巻き込まれます。紙幣に朝鮮時代（併合以前）の人が多い理由も、そこにあるのだろうと私は思っています。逆に、日本に対しては、当時の人たちを教科書に載せてはならないとしています。一例だけ挙げると、2018年2月2日、地上波放送『MBC』は、日本の教科書関連でこう報じました。「日本が『道徳』科目を70年ぶりに復活させました。復活した教科書は、日本を被害者として描写しています」、「西郷隆盛を、日本の発展を導いた英雄として表現しています。他の教科書も吉田松陰や坂本龍馬などを精神的指導者として扱っていますが、伊藤博文などは彼らの影響を受けた後継者です」といった具合です。2024年2月にも、吉田松陰を美化しているなどの理由で、日本製のビデオゲーム『ライズオブザローニン（Rise of the Ronin）』が発売禁止となりました。日韓関係改善がどうとかの話も聞こえてきますし、若い人たちは日本のアニメゲームが好きだから大丈夫だとか、そんな話もありますが、まだまだこんな状態です。ちなみに、「旧日本軍を美化した」、「日本が被害者のふりをしている」などの理由で、『ゴジラ-1・0』も、韓国では公開されませんでした。こんなレベルです。この低レベルの現状こそが、

「理論と現実の矛盾を修正できなかった理由」でもありますが、この点についてはまた改めて論じたいと思います。

さて、このような精神哲学的な「空白」の存在が引き金となり、韓国社会を支配してきた黒幕、そう、物質主義が蔓延《まんえん》するようになりました。その理由は、朝鮮時代の学者たちの考えを現代の人々が受け継いでいないからではなく、そもそも当時の人々からして「中国皇帝大好きキュン」以外はこれといってなにも築けておらず、ただ、財産を増やすことに専念していたのです。

つまり、朝鮮半島の歴史において、それぞれの時代の「社会の持論」は、物質主義以外はなかった。これが、私の結論です。

第三章

2030の物質主義の根源

「お金は好きだが、お金持ちは嫌い」

読者のみなさまのなかに、「韓国人は物質主義（拝金主義）が強い」という話を目や耳にされた方はおられませんか。韓国関連情報を載せている本、論文、新聞記事などをチェックしていると、意外なほどこの話が出てきます。韓国でも経済的格差という言葉が広がり、借金による〝投機熱風〟に全国民が包まれていた2006年。韓国政府公認で「他人に配慮する生き方をしましょう」という趣旨の公共キャンペーンが展開されたり、物質主義に反発するような考えが人気を集めていました。借金によるマンション投機が蔓延しているなか、理想と現実の間にかなりのギャップがありましたが、とにかくウケはよかったと記憶しています。「私は投機をするけれど、他の人たちは、物質主義に陥ってはならない」と考える人が多かった。意地悪な書き方をすれば、そういうことになります。後述しますが、2000年代から広まった「貧しいけれど清らかな生き方をした（に違いない）朝鮮時代の『ソンビ精神』を見習おう」という風潮も、こうしたキャンペーンの人気を支えていました。この頃からメディアの記事も「精神」「配慮」「幸福」などをテーマにしたものが増えましたが、特に「主観的幸福感（Subjective well-being）」という論文で有名なイリノイ大学の心理学教授、エド・ディナーさんが、２０１０年8月17日の『東亜日報』とのインタビューで「韓国人は過度に物質中心的で、社会的関係の質が低い」、「物質主義的価値観自体が悪いわけではないが、社会的関係や個人の心理的安定など、他の価値を犠牲にしているから問題だ」と話したことが、個人的には印象的でした。短く、優しい論調ですが、的確だったからです。

『朝鮮日報』が２０１１年に連載したシリーズコラム「２０１１韓国人よ幸せになれ」の5回目（２０１１年1月7日）を見ると、韓国人のお金に対する歪《ゆが》みがわかります。該当企画の諮問《しもん》委員会に参加した海外の専門家たちは、韓国人を「お金が好きでありながら、お金持ちは嫌いだという、富に対して二重の態度を持っている」と分析した、とのことです。財閥は嫌いだけど財閥企業に入りたい、という認識に似ています。アンケート調査の結果、韓国人は93％が「お金が幸せに必要だ」と思っていることが明らかになったにもかかわらず、その理屈に則れば〝幸せになっているはず〟であろうお金持ちに対しては、「親のおかげだ」、「なにか不正をやった結果だ」としか見ていないそうです。

これは、専門家たちには興味深い結果だったようで、先ほどのエド・ディナー教授も参加し、彼はこう話しました。

「韓国人は、社会構成員たちと自分を絶えずに比較し、勝つことが幸せになる道だと信じている」

「しかし、いつも勝者になることはできない。他人と物質的な面だけ比べ続けても、幸せを感じられなくなるだけだ」

個人的によく引用するデータですが、ピュー・リサーチ・センターが各国で調査して2021年11月18日に公開した「人生に意味を与えてくれるのは何か（What makes life meaningful）」というレポートを見てみると（英語題で検索すると、ネットで普通に読めます）、いくつかの項目のうち、人生に意味を与えるものとして「お金」が1位になっている国は韓国だけでした。日本およびほとんどの国は、「家族と子供」と答えています。

特に面白い点は、複数回答が可能なのに、日本と韓国では「ひとつだけ」を選ぶ人が多く、ピュー・リサーチ・センターはこの点もピックアップしていました。見方にもよりますが、これは「これだけあればいい」とする認識が強いということでしょう。日本では「家族と子供」、韓国では「お金」への思い入れが非常に強い。最近は人種差別的な側面から、「○○人は〜」という話は、たとえジョークでも避けられる傾向がありますが、この点においては、各分野の学者たちが、なんの迷いもなく「韓国人は物質主義への執着が強すぎる」と口を揃えます。

本書では、これから「それぞれの時代の『社会的持論』が、物質主義への執着により、歪められた結果、いまの2030の精神世界を直撃してしまった」という話に進みますので、まずこの韓国に蔓延する物質主義について、韓国内のいくつかの資料を取り上げておきたいと思います。あまり古いもの、日本の韓国関連情報（ブログや書籍など）で何度も取り上げられたものは、極力避けます。

世界でもっとも憂鬱な国

韓国内でも「韓国人は物質主義が強い」という傾向が問題意識として定着している（でも改善はされないでいる）話として、比較的最近のものを二つ紹介します。どちらも、ちょうど本書の原稿を書いている間に見つけたものです。

まず、これは韓国以外の国でも話題になった見解ですが、インフルエンサーで有名作家でもある米国のマーク・マンソン氏が、韓国を「世界でもっとも憂鬱な国」とし、動画をアップロードしました。韓国では２０２４年1月28日『文化日報』などが報じています。韓国社会は資本主義のポジティブな側面である「自分らしさの表現」などはあまり発現できておらず、お金稼ぎというネガティブな側面だけが強く現れていて、物質への執着が強すぎるといった主張です。ちなみにマーク・マンソン氏は韓国の儒教思想についても、「儒教のいいところである家族や社会のコミュニティの親密さは受け入れず、儒教的基準を強調しながらも個人的成功にこだわりすぎだ」とも話しましたが、本書の内容とも部分的にオーバーラップする主張であり、個人的に大いに同意します。ただ、細かい意見の相違もあります。

マーク・マンソン氏は「韓国人はこれらの問題を解決しようとするスーパーパワーを持っている」としました。しかし私は、韓国の人々は口では「解決」「改革」を主張するものの、実際は「その問題を作った人たち」と同じやり方を選ぶと考えています。不動産投資のせいで次の世代の「社会間の階層移動」（簡単に言えば出世、資金蓄積など）が不可能になったとの問題を強く指摘しながら、自分たちはまた不動産投資にすべてをかけていることも、矛盾の現れのひとつです。

紹介するもうひとつの記事は、韓国の北韓大学院大学（韓国では北朝鮮を北韓と言います）のキム・ソンギョン教授の体験談です。もともとは『ハンギョレ新聞』（2024年3月3日）に掲載された「南と北の物質主義」という記事の一部で、「統一というものを必要以上に物質主義で見ていないか」とのリベラル・メディアならではの記事でした。外国に移民したキム教授の友人（韓国人）が、久しぶりに韓国を訪れましたが、韓国は10年前よりずっと物質主義な考え方が強くなっていて、もう完全にドン引きしてしまったという内容です。一部を引用すると「異国の地で故郷に思いを馳せていた友人だが、韓国の変わり様にびっくりしたという。なによりもまず、人々があまりにも変わってしまったというのだ。誰に会っても、どこに行っても、どんな話をしてみても、結局は『お金』が結論になってしまい、本当に胸が苦しいという。たしかに、多くの資本主義国家で似たような傾向があるものの、韓国ほど『お金』が絶対的な基準であり、目的である国家は、珍しいだろう……誰もが、お金に対する欲望と、それによる不安に苦しんでいる社会、それがいまの韓国の素顔なのだ」というものです。

　これに対して少し個人的な意見を書いてみるとすれば、果たして10年前は異なっていたのでしょうか。あまり変わっていないと思います。2000年代になった直後ならわかります。異なっているように思えたかもしれません。経済破綻による「IMF（国際通貨基金）管理期間」と資産価値暴落、そして2003年から始まった、クレジットカードの無分別な普及（子供でもクレカ発給が可能でした）と使い過ぎによる個人破産の急増、いわゆる「カード大乱」などが起こった時期。先ほども、当時〝清貧〟、すなわち清らかな貧しさを求める「ソンビ精神」が流行したと述べましたが、ちょうどその期間、一時的に物質というものに〝呆れる〟人たちが増えました。ですから、当時の韓国社会の物質主義が、いまより弱かったと思えるのかもしれません。

　しかし、当時〝清貧〟を求めていた人たちは、再び家計債務によるマンション投資に命をかけるようになり、それが2000年代の韓国の経済発展を導いた「借金経済」の核心にもなりました。10年前に移民されたなら2014年あたりですが、まさにそうした社会的雰囲気の真っ最中でした。記事の「友人」という方がどういう経緯で外国に出たのか、どういう価値観をお持ちの方なのかはわかりませんんが、あくまで私の持論として、10年前にいまより韓国社会の物質主義が弱かったとは、ちょっと思えません。

ちなみに、このキム教授の見解のメインテーマは、韓国と北朝鮮の物質主義を比較したもので、韓国も北朝鮮も物質主義は強いけれど、そこには似ている点も似ていない点もある、というものです。北朝鮮の場合は「生き残る」ためにお金を確保しようとする側面が強く、どちらかというと物質（お金）を「幸せのために必要なもの（家族とともに生存するには必要なもの）」としながらも、「物質があるからといって成功できたわけではない（これで人生の価値が判断できるわけではない）」と考える側面が強い、としています。一方、韓国の場合は、口では物質的に満たされていても幸せになるわけではないとしながらも、成功（経済的成功ではなく人生の価値という側面で）のためにはお金が必要だとする人が多いとのことで、個人的に興味深く読めました。しかも、経済的には北朝鮮よりずっと発展しているはずの韓国が、それでも依然として「生存のための傾向」として物質を追求する傾向が見られるとのことで、これはつまり、韓国では仮に生存に必要な分の物質が足りていても、まるで「お金がないと死ぬ」といった考えに取り憑《つ》かれ、さらなる物質を欲しがる傾向があることを意味しています。これは中国でも同じ傾向が見られ、儒教の影響を受けた国のなかでは、日本だけがどちらかというと欧米先進国に近い（物質主義的な考えがあるとしても、余裕のない「生存的」傾向は示されない）と言われています。先ほどのマーク・マンソン氏が指摘した「資本主義の悪い側面だけ強く現れている」というのも、同じ話です。

物質主義の根源

では、なぜ韓国ではこんなにも物質主義が強いのか。分析はさまざまです。本書でも取り上げている内容ですが、朝鮮時代の儒教思想が「社会的な権力が人の『格』と同一視されていた」ため、そうした価値観からいまだに離れられないでいるのが理由だとする見解がある一方、「キリスト教徒が多い国なのに、なぜか死後の世界や霊的なことについて深く考える人がそれほどいない」からだという見解もあります。ちなみに、この死後について考えることは、人の価値観に大きな影響を及ぼすと言われています。また、別の見解としては、「あまりにも強い競争社会を生きたため」だという説もあります。兵役文化から原因を探ろうとする人もいるし、「数値化（比較するために数字として表せるものにこだわる)」の文化が原因だとする見解もあります。この数値化は学校のテストやTOEIC点数のみならず、背の高さにまで、あらゆる面に影響が出ている、とも。

そして、物質主義だろうとなんであろうと、無条件で悪いと決めつけるのではなく、結果的にそれが実社会にどのような影響を及ぼしてきたのかを探ることが重要でしょう。この点において、韓国の物質主義は、韓国の「近代化」そのものを邪魔していたという見解があります。亜洲《アジュ》大学校のイ・ジョンチャン教授が2009年の著書『パリ植物院からデジマ博物館まで』に記した見解で、一部からは高く評価されたものの、主にネットでは非難されたりもしました。

教授は特に17~18世紀の日本と朝鮮の「近代化」には、あまりにも致命的な差があったとし、当時の対応は、「いま(2009年)、韓国に自然史博物館がひとつもない」ことからもわかるとしています。「ヨーロッパと日本を正しく理解するためには、天才や英雄たちの理念だけでなく、彼らの意識の下に位置している物質主義を理解しなければならない。ヨーロッパ人と日本人は、動・植物を集め、分類し、分析し、さらにそこから実用的な方法に基づいて富を創出していったが、朝鮮は朱子学に基づいた中華思想だけだった」、「韓国の知識社会は、（※朝鮮時代が続く形で、いまでも）ひどい偏食症にかかっている。その核心は、文科型知識だけに基づいて世界を見ようとする我執である」としています。言い換えれば、いまでも韓国では、物質主義が実用的に発揮されないという意味です。

同様に教授は、まだ植民地支配が普通にあった時代、各国から植物などを集め、そこから自然科学や医学など実用的な側面を見出した欧米、そして日本などについて、「彼らが植物院などを作ったのは、文明を守るという使命感とも関連している」、「豊臣秀吉の朝鮮出兵は、世界史という側面からして（大陸勢力と海洋勢力の衝突は）避けられない流れだった」とも記述しています。これに対してネットでは、「それは収奪にすぎないのに、なにが使命だ」、「朝鮮侵略を正当化する気か」との非難もありました。

これらの分析は、どれが正しいのか、全部正しいのか、それとも全部ハズレなのか、それはわかりません。ただ、「いま、現実問題として現れている」、すなわちいまの社会問題として認識する必要があるという指摘だけは、どのような分析にも共通しています。ちょうど本稿を書いている間、いまだ現在進行中の案件ですが、韓国では医師たちが患者を診療せず、「団体で辞職する」というとんでもない事態が発生しています。政府は「業務開始命令（連携している団体や集団などが仕事をやめる、またはそう扇動しているとき、政府が業務に復帰するよう命令できる制度）」などを根拠に、医師たちの免許を中断（3か月）、取り消し、さらには逮捕まで警告していて、実際に逮捕状が請求された医師もいると聞きます。患者たちをほったらかしにする医師というのは、許されるものではないでしょう。実際、手術が受けられずに病院をたらい回しにされたり、それが原因で亡くなる方も報告され始めています。ただ、政府も政府で、事前にもっと話し合うことはできなかったのかと〝元〟歯科医師だった一人して、見ていて胸が苦しい限りです。韓国では4月に総選挙がありますが、この件で強く対処している尹大統領は、支持率を引き上げています。陰謀論は好きではありませんが、そこを狙ってさらに強い政策を打ち出しているのではないかという気もします。邪推しだすと切りがないものです。

医師の集団ストライキの背景にあるもの

ちなみに韓国では、医師志望者が多すぎて、昨今問題になっています。単純比較はできませんが、なんと「サムスン電子半導体部門に入るより医師がいい」とされています。日本のみなさんからするとピンとこない表現かもしれませんが、韓国では本当に「なんと」を100個つけてもいいほどの驚天動地の事態です。サムスン電子の半導体関連部門への就職が容易とされている大学の関連学科すら、「人材」とされる人たちが来なくなりました。その一方で、医師志望者が増えています。他の国にも似たような制度がありますが、韓国で特に有能とされる人は、大学入試を受けず「随時募集」という形で大学に合格することができます。これは、各大学が特に有能とされる人たちに適用する特別枠で、サムスン電子やSKハイニックスなど、韓国最大の企業とされる会社の主力である半導体分野で働ける可能性が高く、一時は韓国でもっとも確実な出世方法の一つでした。

半導体は、韓国の「命の綱」です。最近、半導体のグローバルサプライチェーン再編において日本が再び存在感を強めていますが、韓国はそれについてものすごい危機感を持っています。メモリー半導体の主力であるDRAM、NANDの3割～4割を中国で生産しており、半導体において中国と韓国はいわゆる「生態系（いくつかの企業の問題ではなく、システム的にもっと複雑に絡み合っている）」を成しているため、米中対立による世界規模のサプライチェーン再編が、韓国としてはあまり愉快なものではありません。ちなみに、半導体と同じく経済安保分野とされるバッテリーについても同様です。半導体は、韓国経済を支えるまさに「柱」です。関連した人材も、いつも素晴らしい待遇のもとで確保されてきました。

韓国が2000年代になって経済を立て直すことができたのは、私見ですが「中国の台頭」と「家計負債」があったからです。一時は日本がメモリー半導体の半分近くのシェアを持っていましたが、1986年の日米半導体協定など、日本の半導体産業を危険視していた米国の意図と韓国政府・企業の集中的な投資、そして日本から技術を吸い上げることなどで、2000年代になってからメモリー半導体の覇権は韓国に渡ることになります。しかし、韓国が半導体産業でもっともシステム的な関係、韓国メディアがよく使う表現を借りると「生態系」関係のパートナーとして選んだのは、先ほど書いたように中国でした。その中国が台頭したことに加えて、もうひとつの経済発展の要因は、本書でもこれから取り上げますが、とにかく借金で投資、いや投機、特に不動産投機を行ったからです。GDP（国内総生産）より大きい金額の家計債務が、主に不動産を押し上げました。最近の2030が「結局は不動産しか知らない」世代になったのも、この影響があると言えます。

この家計債務についてはまた別の章で取り上げますが、ひとつ目の中国との交易において、韓国が対中交易で黒字を出せる分野はどんどん少なくなっています。しかし、半導体だけはまだ韓国が黒字を出せる代表的な分野として君臨しています。いまだに韓国の最大最高の主力産業は半導体です。特にサムスン電子の半導体分野と言えば、韓国の青年なら誰もが夢見る、その親はさらに夢見る、まさに憧れの中の憧れです。言うまでもなく、いままでは少なくとも首都圏にある、またはある程度のネームバリューがある大学の半導体関連学科は、1回の随時募集だけでほとんど定員に達し、そのなかにはサムスンなど半導体企業への就職をほぼ前提にしているところもあります。受験で入れる枠もあるものの、本当に必要な人材とされる人たちは、受験の必要すらなく「貴族への道」の保証を得ていたのです。

ところが2、3年前から、「ソウルにある有名大学の半導体関連学科」で「随時募集で入学できる」という好条件の学科でさえ、定員が未達になってしまったというニュースが増えてきました。2023年2月17日の『ヘラルド経済』には、半導体関連の人材確保がどんどん難しくなっているという趣旨の記事で、「随時募集で136人が合格とされていたのに、その136人のうち該当学科へ進学した人は1人もいないという事態さえ起こった」と書かれていました。受験せずとも半導体関連学科に入れるチケットを得ていたのに、普通に受験して「別の学科」を選び、そちらに進学したというのです。結局、記事によれば「(データの対象になった有名大学の半導体学科の随時募集の定員は) 136人だったが1人も来なかったので、応募した人のなかから次いで優秀だった136人を追加で合格とした」そうです。つまり、「2軍」を選ぶしかなかった上に、その追加合格の136人のうち63人もさらに離脱し、追加でまた63人を合格処理し、ようやく定員を満たしたとのこと。特別優待として136人を合格させようとしたけれど、誰も来なかったので全部で335人も合格させなければならなかったわけです。韓国の半導体関連学科で、ここまでの大量離脱が発生したのは、いままでは考えられないことです。なぜこんなことが起きているのか。もっとも大きな理由は、優秀とされる人たちは基本的に「医科大学に入って医師になる」と決めているからです。彼らにとって半導体学科への随時募集など、「とりあえず応募してみた」くらいのものなのです。

医師という貴族階級

なぜこのような「大医師時代（？・）」になったのか。なかには立派な医師になりますと純粋な気持ちで頑張っている人もいるかもしれませんし、そう信じたいところでもありますが、主な理由は「稼ぎ」です。韓国の総合病院（大学病院など）は、「専攻医（研修医）」の比率が異常に高いのが特徴です。日本など他の国の場合、研修医の比率は10～20％程度ですが、韓国の場合は病院によっては全医師の40％を超えているところもあります。それゆえ、研修医が診療の多くの部分を担当することになり、総合病院などにおける研修医の仕事はかなりキツイものになっています（年収は高いですが、働く時間からすると割りに合うものではありません）。ただ、研修医から専門医になると、年収は2億～3億ウォン（約2000～3000万円）が当たり前になります。

もう少しデータに基づいた書き方にすると、「2021年保健医療人材実態調査」によれば、上級総合病院（大学病院など）の全体医師の37・8％が研修医となっています。病院からすると、研修医の場合、特別法により週80時間も仕事を「させる」ことができます。年収は平均7000万ウォンで、高いと言えば高いですが、時給は約1万5200ウォン

（約1600円）で、それほど破格に高いわけではありません。しかし、専門医になると、例の特別法は適用されなくなり、年収2億～3億ウォンの給料が当たり前になります。病院はコストダウンの側面から研修医を増やしているわけですが、医師の側も研修医さえ卒業すれば、韓国を代表する高所得層を目指すことができます。

しかも、兵役も「軍医」として将校の立場ですから、かなり楽ができます。研修医の道を歩まず、早めに自分の医院を立ち上げる人は、公衆保健医という田舎の保健所で働く形で兵役を代替します。どちらも、現役（普通の兵役）とは比べ物にならないほど楽で、自分の仕事（診療）ができるので、兵役が終わるまで診療経験を積み上げることもできます。社会的に「医師です」といえば、もう初対面からして「待遇」が変わります。まさに貴族勢力です。それに、医師志望者が増えているとはいえ医師の数自体はまだ少なめです。日本もそうですが、韓国も国民あたりの医師の数が足りていない国です。まるで朝鮮時代の「最大の出世コース」であった「科挙（文官登用テスト）」制度です。科挙制度は、朝鮮時代に確実な出世が保証されているものの、実際に「合格」できる数が限られていました。医科大学の定員を増やそうという話は何度かありましたが、医師会の強い反対、ときには日本では考えられない「医師たち（特に研修医）が『診療を拒否』する」という形の抗議が示され、いままで医師の数は少なめのまま維持されてきました。実は、前政権である文《ムン》在寅《ジェイン》政権のときにも似たような対立がありましたが、コロナ禍のせいで、政府が増員を強行できる状況ではありませんでした。

　さて、ここで読者の方々は「いやちょっと待て、医師が診療を拒否って前にもあったのか？」と思われるかもしれません。そう、規模の差はあるものの、韓国ではよくあることです。とりあえずスト（仕事をやめる）から始めるのが、韓国の抗議文化です。２０２４年になり、尹政権は医師の大学定員を２０００人増員すると発表しました。この発表は、診療の待ち時間が長く医師が足りないと思っている人たち、そして、医師志望者あるいは自分の子を医師にしたい人たちから強い支持を得ました。これに対し、医師たちは研修医たちの辞職で対抗しました。後に復帰した人もいますが、本稿を書いている時点（２０２４年４月）で、約８０００人の医師が病院から消え、いまだに復帰せずにいます。医療システムそのものが、止まりかかっている状態です。

　繰り返しになりますが、驚くべきこの「医師のスト」という呆れた状況は、今回が初めてではありません。医師会会長を務めたほどの医師が、「政府は決して医師に勝てない」

と発言して話題になりましたが、あながち間違ってはいません。もう完全に勝ち負けの話になっているように、3月11日の『ソウル新聞』の記事によると、大きな案件だけ調べてみても、いままで医師側はストで「政府相手に9戦無敗（今回は9戦目）」とのことです。ちなみに、なんとコロナ禍のときも、同じ動きがありました。

古くは1955年に遡っても関連記録があります。1955年、併合時代に作られた「特定地域でのみ診療できる医師＝寒地医師制度」において、医師のストがありました。この制度は医師の正規免許を持っていない人でも、医師がいない僻地《へきち》に限って、一定の範囲内で診療ができるようにしたものですが、1955年、この寒地医を正規医師にしようという話が持ち上がりました。朝鮮戦争が1954年に終わったわけですが、医師が足りず、それまで寒地医師だった人たちに正規の医師免許を発給する案が動いたわけです。しかし、それに反対した正規の医師たちが、集団診療拒否に出ました。結局、寒地医師を正規医師にする話はなくなりましたが、制度そのものは1986年まで続きました。私は「公衆保健医師」という田舎の保健所で診療する制度で兵役を代替しましたが、公衆保健医というのも、医科・歯科大学を卒業したばかりの人たちを用いた、寒地医師制度のニューバージョンだと言われています。１９６２年には、「医師免許税」に関する議論があり、また反対の集団ストが起こります。１９６６年には、公務員を保健所の所長にできるという内容の法改正案へ反対し、関連法律は破棄されました。その後も、１９７１年にインターン・レジデント処遇の改善要求、１９８９年には医療費用調整など、たびたびストが起こり、韓国で全国民医療保険が始まったのがこの１９８９年からです。なぜ、韓国ではここまで医師によるストが多いのか。少し、記事を引用してみます。

〈…２０００年、医薬分業ストライキの主役も研修医だった。診療と処方は医師が、医薬品調剤は薬剤師が引き受けるようにした薬事法改正案が１９９９年12月国会を通過、病院での薬処方が不可能になると、医師団体は翌年、５回集団行動を行った。医師の反発にも、政府は２０００年８月に医薬分業を強行した。しかし、医師たちのために、「医科大学定員10％減縮」を受け入れた。医大定員は２００３年に３２５３人、２００４～２００５年に３０９７人と徐々に減少、２００６年に３０５８人に凍結した。

研修医、開院医たちは２０１４年、朴槿恵《バククネ》政権が推進した遠隔医療に反発し、同年３月に集団休診を強行した。遠隔医療はいまでいう「非対面診療」のことだ。医師団体は、遠隔医療を施行すれば、誤診で患者の安全を脅かす可能性があると主張した（※当時はなかったことになりましたが、それから4年後、コロナ禍などで部分的に可能になりました）…2020年、コロナ禍の状況でも、研修医の80%が医大増援に反発して集中治療室と救急室を空にした。「社会的距離置き（※ソーシャル・ディスタンスの強制など、政府による防疫措置）」を3段階に上げるかどうかの議論が出ているほど、当時は新型コロナが深刻だった。当時、文在寅政権が発表した医大定員拡大案は、年400人ずつ、10年間で4000人を増やすというもので、今より規模は小さかった。『ソウル新聞』（2024年3月11日）〉

親族が医師になれば「家門が栄える」

ここまでストを起こす理由はなにか。ある意味、韓国の医療システムが持つもっとも弱い部分かもしれません。「いつ病院が集団で休むかわからない」。医師たちの、そして政府の反応について、多くのメディアが関連記事を出しており、主に医師たちの対応が悪いという内容になっていますが、そのなかにひとつ、「問題の根本は、物質主義的な考え方が強い社会そのものではないだろうか」という見解も出ています。医師のスタンス〝だけ〟を原因とすべきではなく、「患者たちが医師をどう見ているのか」にも問題があるというのです。社会全体に蔓延する根源的な物質主義があり、すべてを「得か、損か」で判断していることに原因があると言うのです。単に政府が悪い、医師が悪いという話よりは個人的に興味深く、これからその記事を引用します。

ただ、その前にひとつ前置きをしておくと、これまで韓国における物質主義の広がりを示す一例として医師のストの話を持ち出したわけですが、いったん「医師の数」についてのデータを併記しておきます。この段落は、前後の流れからスタンドアローンだと思ってください。「医師が足りない」とする政府と、ストではなくデータで反論しようとする一部の医師たちの議論のなか出てきた話ですが、「少ない」で「足りない」を判断するな、という内容です。

国民1000人あたりの医師の数は、同じ年度のデータではありませんが日本が2・3人、韓国が2・5人で、OECD（経済協力開発機構）平均の3・5人よりは不足している状況です。日本も韓国も、新型コロナのときのような特殊な状況下でもなければ、医療システムの機能が止まるようなことはないし、OECDからも両国の医療システムは高く評価されています。たとえば、それぞれの国の医療機関で適切な治療が行われるのかを表すデータとして「Avoidable mortality」というものがあります。直訳すれば「回避できたかもしれないのに亡くなってしまった」という意味です。

手元にOECDの2020年のデータがあったのでチェックしてみましたが、人口10万人あたりの「回避できた可能性があったのに亡くなった方」の数は、日本が3位（順位が高いほど少ない）で134人、韓国が5位で142人でした。ちなみに、1位はアイスランドで131人。すなわち、どこをどう見るかにもよりますが、「国民1人あたりの医師の数が他国より少ない」という数字と「システム的に医師が足りなくて問題が起きているかどうか」は別の問題、すなわち「『少ない』と『足りない』は違う」という話です。日本でも、主にネットで医療関連の根拠もない不満を述べ、病院に行くのはバカだという極端な主張をする人たちがいます。ですが、日本の医療システムは世界的に高く評価されており、医師の数も大学増員などで10年間で4万3000人も増えています。韓国のような混乱もありません。

2024年2月、韓国の複数のメディアがこうした点を踏まえて、「日本は、韓国のように『お金』競争的なことを考えないから、こんなに反応が違うわけだ」との趣旨を報じました。やはり必要なのは、どの分野がどれだけ足りないのか（産婦人科や小児科など）を把握し、相応の方向性を調整していくこと。そのために政府と医療関係者たちがちゃんと話し合うことが大切でしょう。韓国の場合、今回の騒動においても、医師会と政府の事前の話し合いはほとんど機能しませんでした。大統領と医師会の会長が「日頃の苦労に感謝します」とお互い挨拶して話し合いを始めたら、少しは異なる展開もあったのではないか、と思う今日この頃であります。

それでは本題に戻ります。韓国で医師会と政府の間の「力比べ」が繰り広げられている最中の２０２４年2月24日。キリスト教系列ケーブルテレビ局『ＣＢＳ』の「非宗教ニュース部門」を担当するノーカットニュースというメディアが、興味深い記事を載せました。どちらかの問題だとする前に、社会全体が「お金という側面ばかり見ている」ことが根本的な問題ではないか、というのです。一般的に、韓国では医師や病院などに対して、「私に害を与えることで、医師は利益をあげようとしている」と思う人たちが多く、医師側もまた「医師を一人でも輩出できれば、家門（※家族・親族共同体）が栄える」、すなわち大金持ちになれるという考えを持っており、そもそも子供の頃からそんな考えを持つ親に育てられているので、結局はそうした考えのもとに延々と対立が起こっているのではないか、というのです。

この対立の中心にあるのが、「物質主義」です。

記事はあくまで今回の医師関連の話をしていますが、私が思うに、そして自分なりの経験によると、「社会そのもの」が根本的な原因であり、医師側、政府側とわけて考える話でもないのです。こうした事象は、社会を支配する物質主義の大小さまざまな「発現（考え方の現れ）」のひとつにすぎない、それが重要です。以下、該当部分だけ引用して、自分なりの論拠のもとに範囲を広げてみます。

〈…（※仁川《インチョン》市医療院の院長チョ・スニョン氏の発言内容）いま、韓国の医科大学の学生たちは、全校1位を一度も逃さない、そんな人生を歩んだ人たちです。あまりにも多くの競争を勝ち進んで、苦労して（※先ほども書きましたが、研修医の稼ぎは時給で考えるとそこまで高いわけではありません）、「私ももうすぐ、ものすごく良い待遇を受け、私の欲しいことができるようになる」と思っていたのでしょう。しかし、政府が突然、青天の霹《へき》靂《れき》のように定員数を2倍近く増やす、こういう話が出てしまうから、他はともかく「自尊心」を傷つけられたのでしょう。本当にメンタル崩壊している、とでも言いましょうか…。

…今の事態の、すべてにおいて根本的なところは、韓国の医療が「公共性がない」ために起こっている点です。国家が保健医療を見る視点自体が、公的に見るのではなく、民間営利の利益追求を中心にするシステムとして見ているわけです。医療訴訟も同じです。日本のような場合、医療事故の問題で起訴される比率が、韓国の20分の1しかありません。イギリスの場合は、２００分の1だと聞いています。どういうことかというと、これらの国は我が国より公共性がずっと高いという意味です。公共性が高いという話は、言い換えれば「医師は、お金を稼ぐために私に害を与えたりはしない」という信念があるという話なのです。しかし、我が国の患者たちは基本的に「医師は、お金を稼ぐために私に害を及ぼそうとしているから、その医師が賠償すべきだ」こういう態度を持つようになるのです…。

…しかも、医師に賠償を請求しないと、どこに行ってもお金を受け取る方法がありません。社会福祉関連システムが弱いからです。だから、どんな手を使ってでも、「私は、医師からお金を受け取らなければ、私はどうしようもなくなる」、そう思うからありったけの力で訴訟を起こすわけです…保健医療でお金を稼ぐのは、どの国でも一般常識ではありません。全世界どの国に行っても「病院でボロ儲け」ということはありません。これは、ほとんど韓国でしか通じない論理です。考えてみてください。孤児院を運用してお金を稼ぎ、その院長が高級自動車に乗って街を走っていたら、当然、非難されるでしょう。病院とは何ですか。孤児と同じくらい難しい、身体が病気の人々を集めて、それでお金を受け取ります。そのため、保健医療で一儲けするという考えは、どの国でも一般常識からすると絶対にありません。我が国では、まるで病院を開業する、いや医師を一人輩出できれば、家門が栄えると、そう思っています。開業して、お金をいっぱい稼いだら、建物を買って、土地を買って、総合病院を建てて、さらには大学まで建てるぞ、と。そんな国は、韓国がほぼ唯一の国だと見ていいでしょう。だから、こうした概念を変えなければなりません。だからといって、外国の医師たちが貧しいという意味でもありません。他の国でも、十分に中産層以上の生活をしています。ただし、医師になって富を蓄積し、いままで苦労した分の補償を受けてやる、そんな経済的な考えではありません…（『ＣＢＳノーカットニュース』）〉

お金をめぐる根強い「被害者意識」

先ほども、告訴・告発が多いという話をしましたが、当たり前のように「賠償」が出てくるところがまた、印象的です。「韓国人は謝罪を受けると心がスーッと溶ける」という話が大手全国紙に堂々と載るほどで、日本に対して「謝罪と賠償」を叫ぶ韓国人が多い（ほぼ全員）ので、日韓関係においても見慣れた単語ですが、実はこの単語がかなり重要な意味を持ちます。補償というのは「違法であるかどうか」とは関係ありません。別に違法行為をしたわけではないが補償はする、というケースは往々にしてあります。一方、賠償金は違法行為に対して支払う、いや「支払う義務がある」金を言います。だから、韓国は日本に対して賠償を要求しているわけです。日本は、政府レベルでも企業レベルでも、補償はしたけれど賠償はしていません。これは併合時代やその間のことを、韓国は「国際法違法」とし、日本は「合法」としているからです。この部分で意見が一致せず、日韓請求権協定などでは「両国『間』の請求権問題は完全かつ最終的に終わったことにする」となっています。補償だろうと賠償だろうと関係なく、これからはそれぞれの国内問題であるという意味です。韓国がこれを破ったことで、いまでも問題が続いています。補償か賠償かは、韓国にとってはかなり重要なことです。今回の記事でも、引用部分にもある「（医師が）害を及ぼそうとしている」という前提があるため、当たり前のように賠償という単語が出てくるわけです。

これは「医師」に限った話ではありません。

そう言えば、今回の医師ストの件で、匿名投稿ですが医師が「私たちは文系のやつらより『上』なんだ」と、韓国人がもっとも敏感に反応する「上下」の話をぶつけて、ネットが炎上したことがありました。実は軍事政権時代には、どちらかというと文系の検事のほうが「上」で、当時は「検事たちが手柄を立てるために私を狙っている」と思う人が少なくありませんでした。上の人間がより多くの利益を得ようと下の人間を食い物にしようとしている……このような上下関係と物質主義が結びついた心理が、医療だけでなく、それ以外の分野でも動いています。大金持ちたちは、お金を稼ぐためになにか悪いことをしていて、自分自身はそのせいで損をしている、狙われている、「そ・う・に・違・い・な・い！」。そんな被害妄想に近いなにかが、韓国社会にはずっと前から存在してきました。

実際にそういう側面（医師や検事たちが、利益を得るために誰かを狙っているということと）があったので、無条件ですべてが妄想だったとも言えないのが、韓国の現代史のつらいところでもあります。検事はとにかく人を「北朝鮮のスパイだ」として有罪にする時代があったし、医師が赤ちゃんを売り飛ばす、または海外に送るための手助けをすることも、1990年代までは珍しい話ではありませんでした。

そして、（今回の医師のような）憧れの存在になりたい理想と、そうなれない現実が衝突しながら、さらに物質主義的な考えが悪循環していきます。私がなれなかったものになれた『誰か』は、それがどんな人かは知らないけれど、その力を維持するために私になにか悪いことをしているに違いない、と考えるわけです。検事、医師、そして政治家などによるいくつかの悪しき事例が、その心理を揺るぎないものにしました。しかも、韓国人には、韓国人が民族情緒とする「恨（ハン）」というものがあり、すでに「私は被害者に違いない」と思う土台ができていました。ハンとは、消えない強い恨みのことです。「誰かの不当な手によって、私は正当な権利を奪われた」とする、「剝奪感《はくだつ》」たる感情を基本とします。日本のみなさんにこの話をすると、「そんな禍々《まがまが》しいもののどこが民族情緒ですか」と不思議に思われる事が多いですが、韓国では意外とこの「ハン」はそんなに悪いものと認識されておらず、「韓《ハン》」と発音が同じこともあって、「韓国人は恨民族（韓民族と発音が同じ）だ」というフレーズも有名です。

こうした社会的雰囲気をよく表しているのが、先ほどの引用部分にある「家門が栄える」です。「家門が栄える」という表現は、韓国の40代以上、いや２０３０でも、一度は耳にしたことがあるはずです。記事原文では「家門が咲く（花咲く）」になっているなど、どうやら私が知らないだけでバリエーションがいくつかあるようですが、私が韓国で育ちながら耳にしたのは、「家門を立て直す」または「家門を立ち上がらせる」でした。引用した記事でも、なぜか見出しでは「立ち上がらせる」になっていますので、私の記憶違いではないと思われます。意味はそのまま、家門（家族・親族共同体）のなかで一人でも◯◯（今回は医師）になって出世できれば、親族全員が助かる、力を得る、ともに栄えるという意味です。「立て直す」の場合は、もともとはすごい家門だったけれど、いろいろあっていまは苦しくなっているだけという意味が込められています。本当に過去に栄えていたかどうか、そこまではわかりません。

この家門関係の表現はことわざではありませんが、私が子供の頃、韓国社会で当たり前のように使われていた表現です。同じく「家門の栄光」など、とにかく家門という言葉がよく出てきました。親族の一人が、なにか名誉なこと、たとえば有名な賞を受賞したりすると、それは親族全員の名誉だという意味です。家族、親族共同体のような概念で、互いに助け合っていこうということなら別に問題ありませんが、実際には親族の成功を「甘い汁」とする考え方です。血縁が、出世のための近道だと認識されていたからです。

三つの縁、すなわち「地」、「学」、「血」。地縁とは同じ故郷、学縁とは同じ学校出身、そして血縁は家族、親族。この三つは、韓国人が出世するためにもっとも手早く、そして確実な方法だと認識されてきました。最近になっては「お金持ちの子が一番」という考えが若い人たちを中心に広がっていますが、これはある意味、似たような考えかもしれません。一番近しい親族である親が出世していれば、私も楽ができるという考えですから。家門よりはずいぶん簡潔になってはいますが、根幹は同じです。

「家族を大事にする」という儒教的な考え、あるいは少し近代化が遅れた概念、それとも近代化を拒否している概念とでも言いましょうか。どこの国も家族単位での連帯は重要ですし、心地良いし、人の出世（というか人生）を支えるありがたい力ではありますが、国家や社会という概念がはっきりすることを「意識の近代化」の一部だとするなら、近代社会においては、あくまで「公」あってこその「私」となります。「私」と「家族」を必要以上に一つの共同体扱いするから、それ以外のもの、すなわち「公」の概念が、自分とは関係のないものになってしまうわけです。

1970〜1980年代の軍事政権でも、「親の面倒を見る」ことは絶対的な道徳として君臨していましたが、この親族中心の考え方は、捨てるべき悪習ともみなされていました。当時から「公より私を優先しすぎる」ことが、韓国人の問題点として認識されていたわけです。しかし、この「家門」をめぐる意識は、なかなか改善されませんでした。それもそのはず、軍事政権時代の韓国は「親の面倒は子が責任を取るもの」という考えが強く、政府はこれを理由に、福祉政策、老後政策にはあまりお金を使わず、財政を経済発展に集中しました。

韓国では長男の家、または親の墓の前で家庭祭祀をささげる「祭祀《ジェサ》」、あるいはそのもっと民俗的な形として旧暦の1月1日や8月15日など「名節」と呼ばれる日に捧げる簡易祭祀「茶礼《チャレ》」を、「子が親に対して行うべき礼儀」とします。最近は名節連休になると遊びに行く人のほうが多くなっていますが、1980～1990年代に、祭祀や茶礼は韓国人のある種の「義務」であり、これはそのまま親族共同体を維持させる大きな力となりました。いやでも定期的に会わないといけない「親」と、その面倒を見る「長男」を会長あるいは社長とし、あとは年齢や親戚関係で階級が決まる、まるでなにかの会社システムのようなものが出来上がっていたわけです。そんななかで、血縁による出世は、ある種の憧れでした。政治家など権力者と故郷が同じ、学校が同じことは、本当に希少な価値でした。だからこそ、『ウリ（私たち、自陣営）』のなかから、他を出世に導いてくれる人が現れることが最上とされました。それが、『○○になれば、家門が栄える』の背景です。

「家門」から「家族」へ

そんな関係が「当たり前」ではなくなり、弱まったと言えるのが1997年の経済破綻（IMFの管理入り）です。この経済破綻は本当に多くのことを変えましたが、そのなかのひとつが、親族共同体の縮小です。いざというときに役に立たないと思われたからか、それとも単に長男が親の面倒を見たりお金を使って料理を用意したりする、それまで「伝統」というだけで義務化されていたことが、本気で嫌になっただけかもしれません。余談ですが、そうした伝統は特に長男の妻など女性への負担が半端なかったため、先祖への祭祀を禁止している韓国プロテスタントに改宗する女性も多かったと言われています。祭祀や茶礼には親族が食べきれないほどの料理を用意するのが礼儀とされていましたが、「宗教的な理由」を名分に、この苦労（または無駄遣い）から逃げたわけです。具体的なデータはありませんが、これが韓国でのキリスト教普及の理由のひとつだとも言われています。妻が改宗すると、その家の家族全員も近いうちに改宗するという話もあります。

ただし、この「家門が栄える」的な考えが、まったくなくなったわけではありません。どちらかというと家門という概念の範囲が、親族ではなくより身近な家族へと狭くなっただけです。最近の若い世代は、よほど仲のよい関係でもないと、親族の顔も知らないという人のほうが多いでしょう。ですが、一方でこの「家族の関係を『武器』にする」やりかたは、いまでも健在です。有名なのが家族間のお金トラブルで、家族だから貸してくれというものです。もちろん、返す場合はそうありませんが。

『なぜ韓国人は借りたお金を返さないのか』（扶桑社）という、いま思い返してもとんでもないタイトルの本を書いたことがあります。いろいろ垣間見ることができる心理のなかでも、「情《ジョン》」と呼ばれるものが曲者《くせもの》で、人間関係における親しさや「紐帯《ちゅうたい》」とでも言いましょうか。これを日本語の「絆」で訳す人もいますが、私は絶対にそうはしません。なぜなら、ジョンは「『私』をもって『公』を上回る」概念であり、絆のように広い範囲で使われるものではないからです。「私たちの関係は、お金の借り貸しより大事だろう」など、感情的なアピールで金銭関係をなんとかする人が韓国社会には想像以上に多いわけですが、もっともこのジョンをアピールしやすい単位での出来事が、「家族だろう？　お金貸してくれ」です。大企業の総帥一家など大金持ちの場合は、いろいろひどいニュースが報じられてきました。親が（自分に経営権をやらず）専門経営者に経営権を渡したため、長男が親の葬式場を占拠したこと（2007年、オヤングループ）などは、いまでも鮮明に覚えています。しかし、そうした大金の話でなくとも、もっと一般的に起きている問題が「家族が家族にお金を要求すること」です。

詳しいデータがないのでどれだけの規模なのかは不明ですが、複数のメディアが「多すぎる」、「少なくともなにかの統計は必要だ」としており、比較的最新のものでは2024

年1月9日の『クッキーニュース』の記事からその一端が見えてきます。韓国では、この問題はちょっとしたタブーとされているし、下手すればメディア側が「情のない（人間関係を大事にしない）やつらだ」と言われるおそれもあるので、韓国メディアとしては珍しい記事です。記者がネットなどを利用し、主に青年104人と接触、5回に渡って連載したシリーズ記事の結論の部分です。この104人のなかには、2030が特に多かったとのことです。以下、引用します。

〈…（※家族にお金を貸せ、またはくれと迫る）経済的要求は、執拗《しつよう》である。クッキーニュースが出会った、両親の金銭要求に苦しんでいる青年たちは、「電話に出ないと、お金を渡すまで、家、または職場に親が訪れてくる」という。Aさんの父もそうだった。A氏が働くマートまで訪れて、息子の給料を前もって渡してくれと上司に話したりするという。預金も積立金も全部出して親に渡すと、次はローンを組んで、それを渡してくれ、または名義を渡してくれ、そう言われる。相談事例によると、事業者名義だけでなく、子の名前で携帯電話を開通し、それで別の融資を受けたりする…（※青年たちは）「いままで両親が育ててくれた恩を考えれば、お金を差し上げなければならない、それが正しいのでしょう」、「私にお金がもっとあったら、こんなことで悩まずに済むのに、申し訳ありません」などの文を、取材チームに残してくれた…。

…パク・ヨンシン、インハ大学教育学科教授などが２０１７年に発表した論文でも、子供たちは両親に逆らうときに同じ反応を示す。研究に参加した小・中・高・大学生の72・7％が、親の意見に順応しなかったり、経済的に支援しない状況を考えたとき、申し訳なく、正しくないことだと思うと答えた。家族主義も原因になっている。家族コミュニティを個人より優先する文化だ。クッキーニュースは昨年10月17日から31日まで青年１０４人を対象にアンケート調査を行った。「両親に大金をあげることができるのか」という質問に、全体の回答者の65・４％が「与える」と答えた。お金をあげる理由については、「子としての道理をまもるために」という回答がもっとも多かった。青年相談団体「青年の庭」のチーム長であるイ・ヨンウは、両親の金銭要求に応じなかったことで、家族コミュニティで裏切者にされてしまった青年に何人も会ったことがあるという。同チーム長は「親が親戚を動員してその子を責めるように仕向けたりする」、「『自分一人だけ豊かに生きようとする』、『なんで○○くんはこうも利己的なのだろうか』とか、そんなレッテルを貼りまくるやり方だ」と話した…〈『クッキーニュース』〉

個人的に、逆の場合（親が金を貸してくれないと子供が親を責める）がもっと多いのではないだろうか、そんな気もします。ソース情報となるものが手元になく、経験談だけですが、子供が親にお金を要求する話は、リアルな体験としてかなり耳にしました。カンガルー（親の元を離れない人）が急増しているという話もあり、そのためのトラブルもよくニュースになります。この場合は逆で、親のほうが「それでもかわいい我が子」という理由で、子供に強くあたることができないと言われています。かなり大きな事件になることも多く、本稿を書いている間にも、親が小遣いをくれないという理由で放火し、家ごと全焼する事件がありました。

『クッキーニュース』の記事に戻りますが、個人的に面白いと思ったのは、これらのシリーズ記事が、共通して見出しに「沈清伝《シムチョン》」を取り上げている点です。日本でも韓国の文化、または教科書などに興味をお持ちの方は、ご存知かもしれません。韓国人なら知らない人はいない『孝女シムチョン』の話です。

朝鮮時代、儒教思想を普及させるため、朝鮮は「上下関係」の確立に力を入れましたが、同時に「烈女」と呼ばれる夫のために死ぬ妻や、「孝子」や「孝女」と呼ばれる親のために死ぬ子供の話を美談として広げました。真偽のほどは別として、全国から似たような事例を募集し、本としてまとめられたりもしています。

『沈清伝』も、朝鮮時代の孝女の民話を小説化したものだと言われています。沈清というのは主人公の女の子の名前ですが、「親のために生贄《いけにえ》になって湖に身を投げる女の子」という、ストーリー的にあまりにも都合がいい名前なので、おそらく実話ではないと思われますが、そこはともかくとして私の世代では知っていて当然の話で、教科書にも載っていました。娘「清」と一緒に暮らしている沈《シム》氏は、目が見えず、家はいつも貧しく、娘ばかりが働くことを悲しんでいました。そんなある日、お釈迦様に米300石《こく》を捧げると目が見えるようになるという話を聞いて、「では、300石を捧げます」と僧侶と約束します。しかし、用意できるはずもなく、悲しむ沈氏。それを見た娘の「清」は、ちょうど街に生贄を探しにきたという人たちの話を聞いて、自ら生贄になる道を選び、そのかわりに300石の米をもらい父に渡す……という内容です。結果的には沈清の孝心が奇跡を呼び、生きて返って、父の目も見えるようになるというエブリバディハッピーのエンディングとなるわけですが、このストーリーには問題がひとつあります。「いったい、どんな気持ちで300石を捧げると約束したのか」です。『クッキーニュース』では、「沈氏は自分がそう言えば娘がなんとかしてくれると思ったのではないか」と皮肉っています。「300石の約束を聞かされた清は、どんなことを思ったのだろうか」と。ここまでいくと、出世頭が一人いれば家門がなんとかなるという考えのほうが、まだかわいく見えてしまいます。努力と根性でなんとかしろという冗談はたまに聞きますし、原稿の締切が迫ると私も自分にそう言い聞かせたりしますが、「孝心でなんとかしろ」とは、実にむごい話です。

このような「家門が栄える」に象徴される考えから、いまの2030たちとて決して自由にはなれていません。今回、医師問題とその裏にある物質主義的な考えを指摘しましたが、時代によって医師だけでなく、さまざまなものが同様の物質主義の支配の舞台となってきました。これもまた、いまの2030たちの政治的思想と関係のある話です。

私の世代がもっとも強く覚えている「家門が栄える」職業は、「検事」です。随分前、まだ軍人が大統領をやっていた頃の話です。当時の検事は、本当になんでもできる職業だと思われていました。「公安検察」というものがあり、ここが北朝鮮のスパイ活動を調べる権限を持っていました。実際に動けるかどうかによる差はあったものの（政権が親北政策に専念していたときには、権限があってもあまり動けませんでした）、2020年、文在寅政権によってその権力が削られるまで、検察の「公安」担当は長らく強い力を持っていました。

検事は賄賂を受け取っても処罰されない

韓国関連のニュースで、「考試院《コシウォン》」という言葉を見たことがある方もおられるかもしれません。本来は住居のためのものではなく、静かに勉強するための施設でした。泊まり込みのできる小さな勉強部屋、とでも言いましょうか。考試というのは、公務員などなにかの国家公認資格を得るための試験のことです。本来は朝鮮時代、官吏を登用するための試験である科挙で、成績によって等数（順位）をつけることを考試と言いました。科挙も国家試験ですから、その言葉の意味はいまも間違っていない気もします。

ただ、その〝使い道〟に大きな変化が起こっています。韓国には、いつの時代でも住宅関連で多くの問題が発生しています。いまだに冬になると丘の上にある町（「月に近い町」という意味で「ダルトンネ」とも言いますが）にはボランティアの練炭配達が行われるし、雨の多いシーズンになると都市の地下・半地下に居住する人たちの苦しみがニュースになったりします。他にも、より多くの賃貸料を得るために、一つの部屋を違法に改造していくつかにわけた「チョクパン（分け部屋）」、同じく違法改造またはコンテナを建物の屋上に置いただけの「屋上部屋」、ひどい場合はビニールハウスにいたるまで、さまざまな形の住居貧困、または「非住宅居住者（法律的に住宅ではないところで暮らしている人たち）」が、社会問題として指摘されたりします。そして、考試院をめぐる変化も住居貧困と密接に結びついています。端的に言えば、本来住居ではない考試院に住む人たちが急増しているのです。

そう言えば、アカデミー賞を受賞したことで有名な映画『パラサイト』も、半地下に住む人たちの話を描いたものでした。ソウル市の場合、その半地下住居を借りるための保証金でさえ1億ウォンを超えていると言われています。そんな韓国には、「地下《ジハ》」、「屋上《オクサン》」、「考《コ》」の三つを合わせて、「地獄庫《ジオッコ》」という呼び方もあります。住居貧困を、地獄として表現したもので、ネットなどで有名です。

すべてではないにせよ、考試院が韓国各地にたくさん作られるようになったのは、考試（国家試験）が原因です。1970年代の軍事政権下において、考試こそが「家門が栄える」方法であり、なかでも司法試験、別名「司法考試」は、合格すれば検事、それから判事を目指すことのできる、最高の「家門を立て直す」道でした。この司法試験は、難易度が絶望的に難しく（いまは緩和されていると聞きます）、検事になるために寺に入って何年も勉強する人たちが少なくなかったので、そうした人たちのために考試院が増えたわけです。いまでは住居貧困の象徴のように扱われていますが、ある意味、現代史における象徴的なインフラです。

検事になるのが実際どれだけ難しかったかというと、司法試験の勉強のために考試院に入った青年が、挨拶をしに隣の部屋の人のもとを訪れたところ、その人が「司法浪人」だった年数と自分の年齢が同じだった……という逸話もあります。そんな絶望的な難関であっても、大勢の人たちが検事への夢を捨てずにいるのは、検事が持つ圧倒的な権力（ならびに権力を持っているというイメージ）、そして、いまは基準が強化されていますが当時は大学を出ていなくても受験できたからです。軍事政権下の韓国は、勉強ができるだけで大学に入れる時代ではありませんでした。だからこそ、当時の青年たちにとって司法考試が、ある種「公正」に見えたのかもしれません。先ほど考試が朝鮮時代の科挙から来た言葉だとご説明しましたが、その存在意義もまた、科挙そっくりだったわけです。

いまもそうですが、韓国は日本に比べると「法治」というものがきちんと機能していません。それゆえ、検事になることで家門ではなく法治を立て直そうとする、志の高い人たちもいたことでしょう。しかし、子供だった私の目と耳に入ってきた大勢の人たちが検事を目指す理由は、やはり「お金」でした。いや、本人というよりは周辺の人たちが、そうでした。では、検事はそれほど給料が高かったのでしょうか。当時にしては高かったと聞きますが、そこまで圧倒的な富裕層だったわけでもありません。ですから、ここでいうお金とは、権力と癒着した賄賂などのことです。実際に当時は、「検事は賄賂を受け取っても処罰されない」という話が社会的に広がっていました。捜査するのが検察なのに、検事が捜査されるわけがないだろう、「ウリ（私たち）」とはそういうものではない、と。

子供だった頃、テレビや本、さらには漫画本でも、検事は権力を持ち、お金を稼げる存在であることが当たり前のように描かれていました。うろ覚えなので作品名までは書けませんが、子供の頃に見たり読んだりした作品には、違法行為で財産を失った人が「うちの娘が検事と結婚したから、もう私は財産を全部取り返せる」と息巻いたり、貧しい暮らしをしていた人が検事になって、「もうみんなで大金持ちになれる」と家族全員が喜ぶ姿がありました。私は不思議に思って年の離れた兄か誰か、とにかく一緒にいた大人に「検事って給料いっぱいもらうの？」と聞くと、「仲よくしてくださいとお金を持ってきてくれる人が多いよ」と言われたことを覚えています。当時は、意味がわかっていませんでしたが、大人になって似たような事件を何度か見るうちに、それが嘘ではないことがわかりました。

もっとも大きく話題になったのは、２０１０年のグレンジャー検事事件、そして２０１１年のベンツ検事事件です。この二つの事件は、２０１０年頃から韓国メディアがものすごく集中的に取り上げました。読者のみなさんにとっては、グレンジャー検事事件はちょっと聞き慣れないかもしれませんが、「金英蘭法（キム・ヨンラン法、施行は２０１６年から）」のきっかけになった事件といえば、わかりやすいかもしれません。この法は、公職者などに対する不正請託および公職者などの金品等の受け取りを禁止する法律のことで、「公職者などの公正な職務遂行を保障し、公共機関に対する国民の信頼を確保する」ため、２０１６年9月28日に施行されました。正式名称は「不正請託及び金品など受け取りの禁止に関する法律」ですが、一般的にはこの法案を提案した国民権益委員会のキム・ヨンラン氏の名前から「キム・ヨンラン法」と言います。不正の範囲、いわば「対価性」があるのかどうかをどこからどこまでに定めるかなどで問題もありましたが、2016年、国会を通過し、施行されました。ちなみに、ある程度ハイレベルな公職者に適用を限定すればいいものの、範囲を広げ過ぎて、賄賂ではない個人的なプレゼントまで抵触してしまうなど、いまでも見直しが検討されています。

さて、このキム・ヨンラン法制定のきっかけは2010年、ある検事が建設会社の人間から「私を告訴した投資家4人を処罰してほしい」という請託を受けたことに始まります。その依頼にともない、お金はもちろん、当時韓国でもっとも高級車とされるグレンジャーなどの物品もいろいろと貰ったそうです。「ベンツ検事事件」も同様に、ある検事が不倫関係にあった女性弁護士に有利になるよう、情報を共有するなど便宜を図っていたことが発覚。携帯でのメッセージのやり取りが公開され、大きな問題になりました。その際、弁護士から検事に贈られたベンツが、明らかに〝対価性あるプレゼント〟となっていたこともあり、グレンジャーの次はベンツになりました。ですが、結果的にはなんと二人とも無罪になりました。特にベンツ事件のほうは、「お金も車も、愛によるプレゼントだった」などの理由で。

韓国社会は、それまで「上」、すなわち支配階層とされていたものがなにかの間違いを起こすと、必要以上に叩く悪い癖があります。軍事政権に対してもそうでしたし、朴槿恵大統領の弾劾《だんがい》においても、裁判そのものが世論に迎合したような側面があります。そして、その流れが政権交代など政治的な力に利用されることもあります。

韓国人は喧嘩をするとき、数年前、十数年前のことまで急に掘り返し、「あのときだって、そうだった」と責めるのが特徴ですが、同じことが朴槿恵大統領のときにも起こりました。父親である朴正熙氏が「親日派だった」という話が集中的に報じられ、いったん火がついた国民感情には、法律であってもなんであっても勝てなくなります。似たような現象が、検事関連の騒ぎのときにもありました。例の二人の検事を擁護《ようご》するつもりなどありませんが、ちょうどあの頃、それまで貴族だった人たちへの鬱憤を晴らすような勢いで、検事を非難する人たちが後を絶ちませんでした。

このように憧れと同時に憎悪の対象にもなる「家門が栄える」職業。その代表格が、ひと昔前までは検事であり、いまは医師です。時代によって移り変わりがあるので、これからまた別のなにかに替わるかもしれませんが、とにかく共通するのは「お金」です。本書でも部分的に触れていますが、家計債務がGDP100%を超える珍しい国（福祉国家を除けば事実上世界唯一）である韓国。融資で投資するといった話がまだまだ溢れているなか、優秀な人たちは医師を目指し、そうではない大多数の人たちは「借金でマンションを買って値上がりを待つ」、これが経済的に成功する一番の近道とされているのです。

物質主義を形成する「報償心理」

このあたりで少し、話をまとめる時間を設けたいと思います。どこかの北の国のように〝無慈悲に〟進むのも気が引けますが、それ以上に、読者の方々が「これ、他の国で言う物質主義とはちょっと違う」と思われる頃だからです。本書だけでなく、韓国人の物質主義観は、「もっとお金がほしい」とか「お金で人や物をランクづけする」といった側面ももちろんありますが、韓国特有の点があります。それは「私はもらうべき分を、まだもらえていない」と考えているところです。常に賃金未払いに苦しんでいる労働者のよう、とでも言いましょうか。

本書はここまで、「起（のようなもの）」で2030の特徴として「社会的持論と現実の間に矛盾が多い」ことを指摘し、「承」でその根源として「それっぽい単語で飾ってはいるけど、実際に社会を支配してきたのは物質主義」であると分析しました。いつものことですが自分なりに率直に書いたつもりで、まずここまで読んでくださってありがとうございます。本書はこれから、「結」としてそれぞれの時代の話をもう少し交えながら、「結局、2030たちは『前の世代は間違っている』としながらも、前の世代、そのずっと前の世代と同じことをしている」という話に至ることになりますが、その間の「転」として、「報償心理」について綴らせてください。

韓国特有の物質主義、それを一言で表す言葉こそが「賠償」や「報償」です。すなわち、世の中の物質、しかも誰かが所有している物質（お金）を、「自分がもともと得るはずだったもの」と考える風潮が強いわけです。先ほど説明した「恨」と基調は同じです。そして、その報償心理を強くしている二つの要因が、親が子供にかける多すぎる負担を表す「私教育」と、「人為的に『勝ち組』が少なく維持されている」出世システムです。いや、本当は二つだけではないでしょうけれど、私が身をもって実感するのは、この二つが圧倒的です。自身がそこに身をひたしたわけではありませんが、そういうものを40年以上、当たり前の風景として見てきたからです。

どの国にも、お決まりの出世コースというものは、時代によっていくつか存在するでしょう。しかし、韓国のように「お金」にこだわり、「上下」にこだわり、それ以外の可能性をすべて負け犬のように考える社会は、あまりにも人を疲れさせます。私はいつもこう表現します。

「韓国は疲れる」

いい悪いというより、疲れる。実際に私が、そう感じてきました。一応、歯科医師というちょっとした勝ち組として生きたとも言えますが、それでも本当に疲れます。逆の意味で、私は日本を「楽」とします。仕事や暮らしが楽だという話ではありません。もっと精神的な話です。区別はしながら、差別はしない。それが一番、人を楽にしてくれる要素ではないか、そんなところです。

一方で、勝ち組以外は負けとする韓国では「○○以外は嫌」とする考えが強く、そこから勝手に「私は勝ち組だからなにをやってもいい」と道を外れる人が出てきたり、「私が負けたのは勝った人がなにか不当な方法を使ったからだ」と恨む人が出てきたり、「私はやはりダメだ」と引きこもる人が出てきたり、「マンションを買うしかない」と借金をかき集める人が増えたり、それらが複合的に社会問題を量産しています。そしていま、社会に入ったばかりの２０３０たちがその入口で彷徨《さまよ》っています。

どの時代も韓国では、勝ち組たる存在になるための苦労が半端なく、しかも、そこにたどりつく道はいつも狭く、定員も少なすぎる、そんな社会でした。そんななかで、「苦労は報われるべきだ」とする「報償心理」が広がっていきました。国語辞典にも載っていない言葉ですが、多くのメディアの記事、論文にも当たり前のように出てきます。苦労した分、その対価となるなにかをもらわないと気がすまないという心理のことです。アドラーの心理学などに出てくる「補償心理」とは、ちょっと意味が異なりますのでご注意ください。日本語だと漢字が異なるので判別がつきやすいのですが、韓国語のハングル表記だと「報償」も「補償」も同じ表記で、しかも辞典に載っていない単語なので、すごく紛らわしいところです。

韓国社会には、この報償心理がものすごく強く、広く蔓延しており、「○○になれなかったら、なにか他の手段（本書でよく取り上げているものとしては不動産投資）で物質的な報償を受け取るべきだ」と考え、そうでないのは「正しくない」と認識してしまうわけです。個人的には、報償というよりは、なにかの賠償に近いと思っています。先ほども医療事故や恨の部分で少し触れましたが、「不当な手段を使った誰か」から賠償を受け取ろうとする心理、その「誰か」が具体的にどこの誰かもわからないまま、なにかの賠償を求める心理が、この報償心理の暴走に似ていると、私には見えます。

報償心理を助長する「完璧な親シンドローム」

この報償心理（賠償心理かもしれませんがそこはともかく）の蔓延の大きな原因のひとつが、私教育の悪循環です。『CBSラジオ』に、出生率・少子化問題で出演したソウル大学保健大学院人口学のチョ・ヨンテ教授は、その原因として、「完璧な親シンドローム」というものを挙げています。（ネット掲載は2021年7月3日）

〈…（番組進行者）「私がある女性から聞いた話ですが。子供を産むことが、なぜか罪を犯すようだというのですよ。自分の子供に、こんな世の中を生きるようにするなんて、と。だから出産自体になんだか罪悪感があるというのです」

〈以下、チョ・ヨンテ教授〉「そうですね。そんなこともあります。それに、心理的にこういうのもあります。青年たちは、自分自身が完璧な親でなければならないという「完璧な親シンドローム」なんです。結婚、そして結婚してから子供に与えるものに対する期待値があまりにも高いわけです。おかしくもないでしょう。教育水準とか高いですから。

だから、自分自身が完璧な親になれるまで待ちます。その時点ですでに結婚できる可能性も、子供を産む可能性も低くなります。その完璧な親とやらになれる人はそういません。結局は、親が助けてくれないとできません。だから、すべての人が平等に結婚できる可能性はなく、完璧な親シンドロームで期待値が高くなり過ぎ、親が私に相応の分を与えてくれないと結婚も子供を産むことも出来なくなってしまうのです。これはちょっとどうかと……〉

半地下などで苦労して結婚生活を送った人は、もし子供も経済的に余裕がなくて半地下で結婚生活をスタートするようになったとき、「私もそうだったよ」と応援する親もいるにはいるけれど、多くが「絶対にダメだ。結婚なんかするな」と極端に反対するという話があります。詳しいデータがあるわけではありません。ただ、韓国人は、この「私もそうだった」と話す人の比率が極端に少ないと言われています。「韓国には老舗《しにせ》が少ない」、「韓国人は勤続期間が短い」などの話にも通じることですが、韓国では子供が親の家業を継ぐより、「社会的にもっと認められるなにか（検事とか医師とか）になる」ことのほうが、ずっとよいこと、親孝行なこと、という認識になっています。長くやっている店を見ると、「おお、すごいすごい」としながらも、店を出てからすぐに「その長い間、『有能な子供』が一人も生まれなかったのかよ」とあざ笑う人が、韓国にはまだ大勢います。有能な子供が生まれたら、あんな店を誰が継ぐものか、と思ってしまうわけです。似たような話が、韓国関連書籍（韓国人が書いたもの）でもよく出てくるので、似たような話をどこかで聞いたという方も多いことでしょう。こうした傾向も、間接的ではあるものの、報償心理の現れのひとつだという分析もあります。

極めて個人的な見解だということを前提にして、私はこの報償心理が「被害者だとしながら、加害者になろうとする人が多い韓国社会の特徴」とも無関係ではないと見ています。日本に「謝罪と賠償を要求する」と騒ぐのはもはや韓国社会全体の圧倒的主流、いわば国家単位での（ときに外交そのものを揺るがす）動きですが、そこまでいかずとも、被害者を名乗る人たちが、どう見ても加害者のような言動をすることは、韓国内ではよく見かける光景です。「私的制裁」の権利、すなわち法律的な根拠がなくとも、自分自身には「私的」に相手に制裁を加える権利があると信じている、そんな人が多く、また社会的にそれが受け入れられやすい、そんな側面があるわけです。こうした傾向を「正しい」「正義」などと表現する人たちがあまりに多いので、私としては見ていて苦しいところですが……。

たとえば、大きな事故・事件で犠牲になった人の家族、または大怪我をした本人などは、その責任者への処罰を「超法規的」に要求し、それが法律の範囲内で行われると、「法（またはその執行）に問題がある」と騒ぎ、ほぼ間違いなくリベラル派の政治家たちと手を組み、1〜2年後には政治勢力の一部になっていたりします。また、いじめ問題など「学校暴力」においても似たような傾向が見られます。

2008年、大邱《テグ》大学警察行政学科のパク・スンジン副教授（当時）が発表したデータによると、教授が分析した高等学校の学校暴力関連資料において、被害者の約半分が、その後に学校暴力の加害者になりました。転校先、または加害者がいなくなった後に、自分で自分より弱い子を殴ったりイジメたりする、などのパターンです。こうしたことも「被害者だから、加害者になる権利がある」という心理と無関係ではないでしょう。苦しみを経験した人は、「こんなことがあってはならない」と思う人と、「他人にもこんなことがあるべきだ」と思う人にわかれます。データ化はされていない社会通念的な話ではありますが、韓国社会には後者が多い、といったところです。書き出せばキリがありませんが、「恨」を民族情緒としているだけはあります。

「私教育」で歪む「公正さ」

そこまで考えを広げてみると、「世の中が悪い」「よくわからないけど誰かが悪い」と攻撃的になるよりは、〝時が来るまで〟子供を産まないという選択は、まだ肯定的に評価できるかもしれません。しかし、引用部分で教授も発言していますが、いつまで待ってもそんな「完璧」など来るはずもなく、結果的に（生まれること自体を含めた）子供の可能性を封じてしまっていると思うと、やはり書いていて愉快な話ではありません。

関連した内容として、韓国の少子化問題の（本稿執筆中の時点での）最新データを紹介します。日本だけでなく、いくつかの国で出生率《しゅっしょうりつ》（以下、合計特殊出生率）が問題になっています。出生率が2人を超えないと人口を維持できないといった話もありますが、もはやそこまで考える余裕もないでしょう。移民を積極的に受け入れているアメリカすらも、すでに1人台が定着しています。特に韓国の出生率は、高いか低いかを論ずる前に、ひと言で言って「異常」です。世界的に「研究課題」とされており、各国の専門家たちが「戦争、またはそれに準ずる命の脅威に晒《さら》されているわけでもないのに、なぜこんなにも出生率が低いのか」と口を揃えています。専門家ではありませんが、ちょうど本稿を書いていた3月、米国の次期副大統領候補とされるJ・D・ヴァンス議員が、1・66と予想されるアメリカの出生率において、「このままだと韓国のようになる」と話したりしました。もはや韓国は少子化問題の代表格だと見てもいいでしょう。

その韓国の2023年出生率は、0・72人でした。2024年2月、政府の公式発表による数値です。民間の予想では、一部0・7まで下がるのではないかという話もありましたから、これでもほっとしたという声も聞こえます。首都のソウル特別市の場合はなんと0・55人。盧武鉉政権のときから首都機能の一部移転が行われた「セジョン市（特別自治市として独立した自治体扱い）」以外は、すべての自治体が1・0人未満でした。2024年は0・68人と予想されており、すでに2023年10月〜12月期は、全国平均0・65人にまで下がっています。いままで政府が使った少子化関連予算は、各メディアによって差はありますが、概《おおむ》ね「10年間で300兆ウォン以上」。多くのメディアが、危機感よりは虚しさに近い論調の記事を出しています。

そのなかでも特に2023年10月〜12月期、ついに出生率が0・65人まで下がったことに、多くの記事が注目しています。普通、期間別に3か月単位でデータが発表されますが、そこに0・6人台の数字が出たのは初めてです。2023年1〜3月期が0・82人、4〜6月期が0・71人、7〜9月期が0・71人、そして10〜12月期が0・65人。ちなみに2022年10月〜12月期は、ギリギリで0・7人でした。韓国では、1〜3月の出生率がもっとも高く、それから低くなるのが一般的ですが、それでもついに0・6人台になったのかと、国内外の専門家たちが言葉を失いました。ちなみに、赤ちゃんをできる限り1月に産もうとしているのは、少しでも早く生んだほうが、小学校でよい成績を得る可能性が高くなるためです。

また、この少子化に関しては、進行スピードも速すぎます。出生率が0人台になったのが2018年からです。2017年に1・05人、2018年に0・98人、2019年0・92人、2020年0・84人、2021年0・81人、2022年0・78人、2023年0・72人。2023年の出生児は23万人で、前年に比べて8％も減少しました。少子化関連のどの記事を読んでみても、「さらなる対策が必要だ」としているものの、詳しくどこをどうすればいいのかについての言及はなにもありません。経済的なことや住居費の問題など、いつもの話だけが繰り返されています。もちろん、そうした点がもっとも大きな要因だとは思いますが、本当に「お金がないから」だけでここまで出生率が下がるのでしょうか。そこは疑問です。他にも男女嫌悪、簡単に言うと男が女を、女が男を必要以上に敵視し合うという話も出ていますが、出生率と男女嫌悪の関係性については、前著『韓国の絶望　日本の希望』（扶桑社新書）で海外専門家の見解などを交えながら結構長く書いておりますので、興味をお持ちの方はそちらをお勧めいたします。

いずれにせよ韓国に広がる報償心理は、低すぎる出生率や排他的な生き方（報償されないことを、他人が自分の分まで持っていったからだと思ってしまう）など、社会広範にわたって大きな影響を及ぼしています。最近の2030たちが、「公正」という言葉を最大最高の正義と崇める一因でもあります。「家門が栄える」の記事引用部分でも、研修医で苦労した人たちがある種の報償心理を刺激され、政府方針に強く反発しているという内容がありました。医師になれなかった人たちもその人たちなりに、「恵まれている医師が、不当に苦労している私の分までを持っていこうとする」と、なにもかも物質主義的に、拝金主義的に考えてしまう。その根底には、子供にかける大きすぎる負担としての「私教育」があります。

私教育とは、公教育以外に私的に行う教育、いわゆる「塾」などのことです。本書に出てくるすべての単語・案件がそうですが、私教育というのもまた、別にそれ自体が悪いものではありません。お金や権力もそうですが、それ自体によいも悪いもないでしょう。私教育もそうです。ただ、やりすぎるのが問題なのです。

「恨」が出たついでに「ハンプリ」についても、少し書いてみましょう。プリというのは「晴らす」の意味です。すなわち、恨を晴らすことを、ハンプリと言います。しかし、恨というのは、もともと岩に刻まれるような概念であり、消えることがありません。ですから、一部の医師・学者たちは、この恨は各種病気の元になるとし、情緒がどうとかと話す前に、もっと医学的なアプローチが必要だと主張しています。消えない、そもそも原因がはっきりしない（特定の事案や人物を恨むこともあるけど、必ずしもそういうわけでもない）場合も多く、結局もっとも苦しむのは自分自身だからです。こうした点が、中国など他の国でいう恨みとは違う、朝鮮半島特有のものだと言われる所以《ゆえん》です。

理由も相手もわからない、それゆえ、その恨を晴らすことも、ほとんどの場合は「子」に託されます。韓国の親にとって、子供の出世はなによりの最優先課題です。昔から「子息農事（子を育てる）」がもっとも重要だと、そう言われてきました。報償心理を子供に転嫁《てんか》している、とでも言いましょうか。その心理がもっとわかりやすく現れているのが、これまた世界的に「いったい何のことだ」と驚かれている韓国の私教育熱です。

韓国メディアの記事には、「熱風」「狂風」などの言葉が、いつもセットで記されます。「私教育＝サギョユク」。韓国関連ニュースに興味をお持ちの方、あるいは韓国の映画やドラマなどを見た方なら、ある程度はご存知かもしれません。学校が終わると、無数の塾の車がズラッと校門に並びます。授業が終わった子供を塾まで運ぶためです。この行き過ぎた私教育熱は、数十年前から「亡国病」と呼ばれてきました。つまり、私が小学生だった頃から延々と社会問題として指摘され続けてきたのです。

当時は、大学生を家に呼ぶ「家庭教師」がメインでした。１９７０～１９８０年代、当時の大学生は最高のエリートで、家庭教師として家に呼ぶことには、かなりお金がかかりました。特にソウル大となると、それはもうスーパースターでした。塾などのインフラも少なく、大学生が稼げる環境も整備されていなかった頃、余裕のある家からすると、大学生たちはわざわざ家まで来てくれる信頼できるエリートでしたし、大学生側も授業料を自分の力で用意するための方法だったので、ある意味、「Ｗｉｎ‐Ｗｉｎ」と言えたでしょう。

ですが問題は、そこまで経済的に余裕のない人たちからの反発です。「ちゃんと学校に通って勉強しているのに、お金の力に負けてしまうではないか」というのです。また、韓国においてはいつものことですが、なにごとも加熱しすぎる側面があり、家庭教師を呼ぶ費用が必要以上に高騰していたため、政府レベルで「公教育を信じましょう」というキャンペーンを実施したりしました。しかし、政府としては「優秀な人材が、自分の資産を蓄積し、早く社会に出てほしい」というのが本音でした。実際、優秀な人材と目される人たちは兵役期間が短くなったり、研究所などで働く制度ができました。これに対して、さらに「不公平だ」だと大きな反発があり、軍部隊内での銃器事件に発展したケースもあります。

「塾」が私教育のメインステージとなると、誰もが私教育の沼にハマりました。「うちの子供だって私教育が受けられるんだぞ」とアピールしたいのでしょうか。隣の子供が2か所の塾に通っていれば、うちは3か所にしなければならない、そんな空気感が漂い、いまでも韓国の私教育熱は衰えていません。前にも紹介したことがありますが、「小学校での縄跳びで高い点数を取るための私教育」まであるとのことですから、あきれたものです。「小中高校生」にかける私教育費は、2023年にはついに27兆ウォンに達しました。およそ2兆5000億円。サンプル調査ではありますが、途方もない話です。

第四章

なぜ2030は「投資は公正だ」と信じるようになったのか

韓国の歪な労働市場

韓国は大企業（ここでは300人以上の企業を大企業としますが、OECD基準では雇用人数250人以上の企業を指します）による雇用が、OECD加盟国のなかでもかなり少ない国です。一方で検事や医師になる、つまりは「家門がどうとか」にこだわる人が多すぎて、混乱している状態です。だからと言って、定員を増やすと言ったら診療システムが止まる……もう本当に「困ったもんだ」といった話ですが、そのなかでも、私教育は元気すぎるほど盛り上がっています。ちょうど最新のもの（2024年3月14日）が手元にあるので、記事をひとつ引用してみましょう。『聯合《れんごう》ニュース』の記事です。

〈…昨年、小・中・高校生の私教育費が27兆ウォンを超えた。「医大熱風」が続くなか、大学修学能力試験（※大学入試テスト）で「高難度問題」をなくす論議が起きているが、私教育費は3年連続で最高値を更新した。私教育を受けているソウルの高校2年・3年生の場合、1か月の平均私教育費が初めて100万ウォン（約10万円）を超えた。教育部と統計庁は全国小・中・高校約3000校の学生、約7万4000人を対象に「2023年小中高私教育費調査」を実施した結果、このように集計されたと14日に明らかにした。昨年の私教育費総額は27兆1000億ウォンで、1年前より4・5％（1兆2000億ウォン）増加した。1年間で該当学生数は528万人から521万人に7万人（1・3％）減少したが、私教育費総額は増えたのだ。増加率自体は前年（10・8％）の半分水準だ（※ソース記事には明記されていませんが、物価高やローンの返済などで支出が増えたから、とされています）…。

…しかし私教育費総額規模は2021年（23兆4000億ウォン）、2022年（26兆ウォン）に続き、3年連続で最高記録を記録した。これに先立ち、教育部は昨年国会に提出した「2024年度成果計画書」で、2023年小中高校生の私教育費目標を24兆2000億ウォン、前年比6・9％減らすと明らかにしていたが、その目標は達成できなかったことになる。私教育費の増加は「高校生」が主導した。高校の私教育費総額は7兆5000億ウォンで、前年より8・2％増えた。高校の私教育費は、全私教育費の2倍近い速度で増加したもので、増加率は2016年（8・7％）以後、7年ぶりの最大だ。昨年6月、高難度問題をなくす論議が浮き上がり、修学能力テスト出題基調が変わることもあると思い、塾に駆けつけた高校生が多かったためと解釈される。「医大熱風（医科大学を希望する人が多い）」が続いた点も、高校の私教育費を押し上げた主な原因に挙げられる…
（『聯合ニュース』）〉

統計庁が発表した「2023年4月時点の地域別雇用調査就業者の産業及び職業別特性」によると、韓国の総賃金勤労者、約2160万人の（税抜き前、成果給含め）平均月額賃金は、100万ウォン未満が9・1％、100万〜200万ウォン未満が11・9％、200万〜300万ウォン未満が33・7％、300万〜400万ウォン未満が21・3％、400万ウォン以上が24・0％となっています。400万ウォン以上の高賃金は、専門・科学、そして金融関連がほとんどです。

2023年4〜6月期のデータで「家計債務」対象は1978万人で、DSR（年間の所得のうち借金の債務返済にあてる額の比率）は39・9％。すなわち、平均で年収の約4割を借金の返済に使っています。ちなみに、韓国で就業者がもっとも多い分野は、「飲食店就業」で、163万1000人。主に自営業者であり、韓国の自営業者全体は約656万人。彼らの2021年平均所得は年間1952万ウォン、約200万円にすぎません。

余談ですが、経済活動参加人口2800万人の国で、自営業者が656万人にも上るのは他の国ではちょっと考えられません。その原因としては、全国民を対象にした年金制度のスタートが2000年代になってからと遅く、そして退職が早い（平均49歳）ことで、引退後に収入を得るため自営業を始めなくてはいけない状況が生まれたことがあげられます。

韓国と言えば「フライドチキン屋」が不思議なほど多いのですが、そこにもこうした背景が垣間見えます。韓国人はチキン好きで有名で、昔から電気焼きチキンを「トンダック（鶏の丸焼きという意味）」と呼び、最高の食事としてきました。いまはフライドチキンや唐揚げなどを、「韓国のチキンだ」と宣伝する店が多いのですが、30年前までは韓国で鶏料理と言えばトンダックでした。味つけしておいた肉を野菜とともに焼き、汁といっしょに食べる「プルゴギ（火ブル、肉ゴギ）」もそうですが、韓国は自分たち本来のものにはあまり興味がなく、外国、特に日本から入ってきたものを「私たちのものだ」と宣伝する悪い癖があります。10年ぐらい前からは、日本の唐揚げを「ダッカンジョン」などと呼んで、まるで韓国固有のものだったようなイメージにしています。ガンジョンというのは、伝統菓子のひとつです。朝鮮半島は、日本や中国とは異なり、一般家庭にものを揚げるほどの油と火力がありませんでした。油を薄く敷いて、そこで薄い料理を揚げる（チヂミ、ジョンなど）料理ならありますが……。トンダックも、最近はほとんど目にしなくなりました。ちなみに、参鶏湯《サムゲタン》という料理も有名ですが、それは併合時代に、日本でも人気だった「朝鮮人参《にんじん》」をアピールするため、白熟《ベクスク》という伝統料理に人参を入れて出来上がったものです。夏に食べて栄養を取り、また冬に風邪を予防する目的で食べていたもので、20～30年前までは、そこまで一般的に食べられるものではありませんでした。

……と、唐揚げ定食好きの一人としてチキンで無駄に熱くなりましたが、本題に戻りますと、この過熱する私教育への政府の対策も空振りばかりでした。盧武鉉大統領のときには、大学に入れなかった人たちへの社会的差別などを理由に、「大学を増やせばいいじゃないか」と安易な考えで大学を大幅に増やしました。それから大学進学率は急上昇しましたが、卒業してもちゃんと就職できない人もまた大幅に増えました。さらに言えば、大学に入れなかった人たちは、昔は見下されるだけだったのに、いまは〝人間扱いしてもらえない〟状態になり、差別もなくなりませんでした。いまの政権は、大学入試から高難度問題をなくすなどと言ってますが、こうした経緯から考えても意味があるのか疑問です。本当に疲れる話です。

私も大学受験のときには、そこそこ有名とされる塾に通いましたが、授業と授業の間（授業によっては30分以上も間が空いたりしました）に近くのゲーセンで『ゴールデンアックス』をプレイした記憶しかありません。勉強のほとんどは、自分の部屋でやりました。寝たいときに少し寝て、起きてまたやって、そんなところです。いい思い出と言えば、歯科大学に合格したとき、母がすごく喜んでくれたことくらいなもので。

「なにをするか」よりも「どれだけ稼げるか」

それが自発的なものであれ、親による一方的なものであれ、この「私教育」という名のワクチンなしパンデミックから自由になれる韓国人など、そうはいません。いまの２０３０だけでなく、２０３０〝だった〟人たちも含めて、韓国人なら例外なくこのような教育を受けて育ちました。彼らが成功の目標とするものは、いままで書いてきた通り、物質、拝金主義です。その職業としての社会的役割などから得る満足感、いわば職業的成就のためにその道を選んだ人たちも大勢いるでしょう。私は「一人もいない」などと一括りにする書き方が好きではありません。きっとそんな人たちもいるでしょう。今回の医師ストのなかでも、黙々と自分の意志で集中治療室を守る、そんな研修医たちもいました。

しかし、他の国に比べて、韓国人が「職業的成就」を重要視しないのも、また事実です。こうしたことは客観的なデータを示すのが容易ではありませんが、先ほど紹介した「ピュー・リサーチ・センター」の報告書における「人生に意味を与えてくれるもの」のランキングからわかります。ほとんどの国では「家族・子供」が1位で、他はスペインが「健康」が1位、台湾が「社会（自由民主主義など）」が1位。一方、韓国では「物質的な豊かさ」が1位でした。そして、1位ではないものの「職業的成就」も多くの国で選ばれており、平均で25％は票を得ていました。しかし、韓国で「職業的成就」を選んだ人はわずか6％。

この職業への独特の価値観は、他の国より短いと指摘されている勤続期間からもわかります。『京郷新聞』（2023年3月7日）が19～34歳1万5000人を対象に調べたところ、平均勤続期間は31・6か月で、勤続期間1年未満が32・7％にのぼりました。967人を対象にした狭い範囲での調査ではありますが、就職関連の大手サイトが調べたところ、「サラリーマンが考えている適正勤続期間は『5年まで』」という記事もあります（2023年3月17日、ネットメディア『アイニュース』）。その間に転職すべきであり、5年以上も同じところにいるべきではない、というのです。

このように職業的成就への関心が圧倒的に希薄である一方、いわゆる「家門が栄える」職業への道は極めて狭いというのが、韓国の抱える大きな矛盾でもあります。ストで話題の医師の場合、まるで「全国民が医師を目指す」ような社会風潮にしては、医師になるための道があまりにも狭すぎます。全国の医科大学、失礼ながら「こんな大学あったのか」というところまですべて合わせても、定員は約３８００人。ここ10年間で、日本など他の先進国では医師が増える傾向にありますが、韓国は逆に若干減少しています。

医師志望者がここまで増える前、個人的な感覚ではありますが２０００年代になってサムスン電子など韓国の財閥企業が一気に成長した時期には、「家門が栄える」道は財閥企業に就職することでした。「なんでサムスンに入れないの？」と問い詰められたり、「○○くん（親族の子供）はサムスン電子に入れたって」という話が聞きたくないから、親族共同体から事実上「離脱」したという青年の話も、珍しいものではありませんでした。それほど財閥の影響力がとてつもなく強く、政府すら思ったとおりに政策を進めることができないのが韓国です。2000年代の韓国社会では、彼らは軍事政権下における検事のような存在に見えていたのかもしれません。

たとえば、「車庫証明制度」すら、韓国では財閥の反対で進みません。日本の証券市場のように「株価対策」をしようとしても、財閥総帥一家の影響力が強すぎて無理。そんなところです。しかも、財閥総帥一家のなかでもお互いに敵視し合う人たちが多いので、会社の主要戦略なども秘密にされがちで、株主への透明性の提供を阻害しています。いわゆる企業ガバナンス構造（支配構造）の問題ですが、日本はこういった点を十数年かけて改革した一方、韓国では「したくてもできない」現状です。多くの韓国メディアが「財閥共和国」という皮肉を使う所以《ゆえん》でもあります。

大企業という狭き門

こうした財閥企業を筆頭とした大企業に就職することは、検事や医師になる困難と比べれば、まだ容易なのでしょうか。さすがに考試院に何年もこもって勉強するよりも楽なのでは、とお思いかもしれませんが、現実はそうでもありません。

国の経済において大企業の役割が重要なのは、世界中のどこの国でも同じでしょう。韓国だけでなく、他の国でも不景気になると「成功した人たちが悪い」といった言い方をする人たちが目立つようになり、その矛先がよく大企業に向けられます。ですが、私はそうしたことは間違いだと思っています。なにか違法な手段で稼いだのであれば非難されて当然でしょうけれど、ビジネス能力の高さにより相応の富を得たのであれば、それは非難されるべきではありません。しかも、大企業の好調により、中小企業が支えられているのも事実です。お金の流れが経済システムを作っているかぎり、その流れに「スタンドアローン」、「他人の稼ぎとまったく無関係な自分」という存在はありません。

しかし、程度というか、その極端さを指摘するのであれば、話が違います。韓国経済において財閥グループの影響力は、まさに偏っているとしか言えません。0・01%の財閥企業が納付する法人税が、法人税全体の41%にも上ります。サムスン、現代車、SK、LG、ロッテの資産だけでGDPの6割です。

韓国では、「上」の立場の存在による不当な弾圧、無理な押しつけなどを「甲乙《こうおつ》問題」と言います。これはもともと、契約書の甲乙表記から来たものだと言われています。大企業が協力会社や下請け会社に、不当な内容の契約を要求することが多すぎて、いつの間にか慣用句として定着しました。悪いことに、協力会社や下請け会社が、さらに立場の弱い協力会社や下請け会社に同じことをしたりして、それを「乙乙問題」と言う場合もあります。韓国内には、「甲乙問題は、一応メディアなどを通じて情報が伝わるが、乙乙問題はメディアが報じない分、社会全般に忍び込んでいる」、「強者は弱者から奪い、その弱者は自分より弱い人から奪う。結局は、全員が全員に対して戦っている」などと指摘する学者たちもいます。ただ、やはり特に目立つのが、財閥企業の「甲」としての行いです。

韓国の財閥企業（データ的にはどうしても「大企業」ともう少し広い範囲になりますが）は、他の国に比べると、雇用が驚くほど少ないのが特徴です。2018年、時価総額基準で1位から30位までの大企業を選び、その事業報告書などを分析したデータが記事になったことがあります。「30大企業の所属勤労者（雇用人員）」関連データとして、2018年8月2日に『ビズ・韓国』というネットメディアに掲載された記事でした。個人的には、韓国社会において非常に関心の高い分野の記事のはずなのに、それからこれといった続報がなく、不自然に思ったりもしていますが、それはともかくとして、その2018年のデータでは、時価総額30位までの大企業（もちろんサムスン電子もヒュンダイ車もすべて合わせて）の雇用人員は、43万794人でした。同じ時点（2018年3月）で、ソース記事の記者が日本のトヨタグループのホームページに書いてある情報を確認したところ、トヨタグループだけで36万9124人、とのことでした。

それから6年経ち、範囲はやや異なりますが、やっと続報がありました。国策シンクタンクである開発研究院（KDI）が、大企業の雇用が日本や米国などに比べて少なすぎる、という報告書を出したのです。2024年2月27日、『中央日報』などが報じています。韓国では雇用人数300人以上を大企業としていますが、OECDでは250人以上を大企業としますので、国内データとは異なる点もあるものの（ちなみに日本の場合、法律的なものではないので基準がいくつかありますが、厚生労働省の場合は常用労働者1000人以上を大企業としています）、OECDの250人基準で、その国の雇用における大企業雇用の比率は、OECD平均32・2％、日本40・9％、ドイツ41・1％、フランス47・2％、米国57・6％などです。国の経済構造の特性によっても異なるでしょうけれど、構造が日本と似ているとされる韓国の場合はどうなのか。

財閥共和国と呼ばれる韓国の数値は、驚異の13・9％でした。「労働組合の力が強すぎる」などの問題もあるので、企業側だけの問題というより、もっと複合的なシステムの問題と見たほうがいいかもしれません。ちなみに、韓国の一部の労働組合では、現役の労働組合員の子供を会社に就職させる、さらには組合員の立場（職位など）を子供などに「世襲」させる条件を企業側に出す場合があります。こうした非常識な事態がいまも存在しているのです。もし、こんなことで大企業に就職した子供が先ほどの13・9％に含まれているのであれば、組合員の家族以外にとっては、さらに敷居が高くなると見ることもできます。とはいえ、昔からこれほど少なかったわけではありません。

同じ記事の指摘によると、1993年には、大企業雇用が全体雇用の20％を超えていました。当時は300人以上の企業（韓国基準の大企業）による雇用がいまよりも多かったけれど、「IMF期間」などを経て、大企業の数自体が急速に減少しました。その大企業も続々と海外に進出してしまい、国内が空洞化したこともあったのでしょう。相対的に大企業の経済的影響力は1993年とは比べ物にならないほど大きくなり、同時に雇用は減少。その結果が、経済的規模と雇用のバランスの崩壊につながりました。報告書では、最近の出生率低下の問題も、この雇用のバランスの崩壊と関係があるとしています。大企業という良質の働き口が首都圏に集中しているため、さらなる人口の首都圏集中を引き起こし、少子化の一因となっているとのことです。どれだけよくできた都市でも、いきすぎた一極集中に耐えることはできません。

2022年12月8日の『CBS・ノーカットニュース』がまとめたデータによると、売上金額基準で全国の「1000大企業（日本でもよく見ますが、韓国人は本当に『○大』という表現が好きです）」の分布を見ると、ソウルに過半数の529社がありました。売上基準で見てみると、ソウルにある企業の比重が65・4％に達します。一般的に、ソウル特別市以外に首都圏とされるのは京畿道《キョンギド》と仁川《インチョン》広域市ですが、京畿道には大企業は182社（売上比重19・7％）、仁川にはわずか40社（同2・6％）だけです。首都圏の三つを合わせれば、1000大企業のうち実に751社、売上比重で87・7％がまさに「密集」しているわけです。

「数」だけではありません。野党国会議員が分析して国会で発表したデータですが、2020年基準で、勤労所得の年末精算（日本でいうと年末調整のようなものです）結果において、上位1％の勤労所得者は19万4953人でしたが、その75％である14万5322人が、首都圏に集中していました。CBSはこれらのデータを、『青年たちは、質のよい雇用を求めてソウルを含む首都圏に行くしかない、これが明確な現実だ』としています。日本も東京集中という話をよく耳にしますが、その比ではありません。記事は、人口の首都圏集中の度合を日本が28％、韓国は50・3％としています。日本の場合は首都圏の範囲が韓国より広いこともあると思いますが、約2倍もの開きがあることになります。漢陽《ハニャン》大学国際大学院教授のチョン・ヨンス氏は、著書『大韓民国人口トレンド、2022-2027』において、合計出生率の急激な低下について、結局は人口の分散が重要だと指摘しながら、「結局、地方都市が苦しくなるほど、出生率は下がる」としています。これについて教授は、韓国の首都圏・ソウル人口集中を次のように図式化しています。「地方消滅→青年転出→都市へ進入→競争深化→資源不足→結婚保留→出産を諦める」。ここでいう資源とは、都市が持つインフラのことで、教育、就業などのことです。

朝鮮戦争後、ソウル以外には職業と言えるものがなにもないので、本当に大勢の人たちが生存のためにソウルを訪れました。「自営業が多い」、「飲食業での就職が多い」などの経済構造が、すでにこのときに出来上がったという分析もあります。なんの計画もなく、とりあえずソウルに上京した人たちは、食堂を開く、または食堂に就職するしかなかったからです。当時は戦後なので仕方がないとしても、その基本パターンがまだ変わっていないのが韓国です。しかも、首都圏までやって来ても、青年たちを待っているのは「家門が栄える」どころか、あまりにも高すぎる敷居、狭い扉という現実です。検事だろうと大企業だろうと医師だろうと、選ばれるのは一握りのエリートだけ。あの壮絶な私教育は、なんのためだったのかと絶望感すら漂います。

追い詰められていく若者たち

小学校の頃から、家の広さ、マイホームか賃貸住宅か、着ている服の値段、海外旅行に行ったかどうかなど、さまざまな尺度を用いて「階級」をつけながら育った青年たち。おまけに、「優秀な民族」という話を当たり前のように聞きながら育った彼らは、この現実になにを思うのでしょうか。怒り、でしょうか。または、韓国でよく使う単語である「諦《てい》念《ねん》（諦めること）」でしょうか。

自分で自分を追い込む若者も増えています。後ほど「マンションを買うために人生をかける青年たち」の姿を少しだけ紹介しますが、借金関連、そして「信じていた未来」と「現実」のギャップなどの理由で、最近、病院を訪れる青年たちが増えました。

「精神科閉鎖病棟は10〜20代でいっぱい　心の病を患う韓国の青少年たち」（『朝鮮日報日本語版』／2024年2月11日）、「集中治療室に来た『損傷』患者、青年が急増」（『国民日報』／2023年11月9日）など、まだ広範囲のデータが集計されておらず、メディアの取材ベースではあるものの、関連した話を見つけるのは難しくありません。「損傷」関連の記事には、手首に傷をつける「リスト・カット」など自傷行為を行う青年たちが、SNSに「認証ショット（嘘じゃなく、本当にやったと証明するための写真）」をアップすることも多いと書かれています。

日本においても、たまにネットで「日本の富は老人が独占している」などの主張をする人たちがいますが、韓国ではさらにそういう主張が強く、「世代間葛藤」も慢性化しています。前の世代の人たちを「不動産で一儲けできただけ」、「現状を不公正にした犯人」としながら、彼らと同じく、ただ値上がりするという信念でマンションを買うために多額の借金をする青年たち。その矛盾した姿はいまも相変わらずで、「一儲け」できなかった自分の親への不満も、日々強くなりつつあります。最近の「階級論（資産や年収などさまざまなもので人の階級を決めること）」も、基本的には親が大金持ちかどうかで決まるものばかりですが、もともとこうした風潮は以前から各種調査で明らかになっています。一例として、２０１７年に大学生を対象にした調査を示します。ちょうどいまの20代後半〜30代の人たちの話になりますが、光州科学技術院のキム・ヒサム教授が日本、韓国、米国、中国の４か国の大学生、各１０００人ずつに、「自国で青年の成功にもっとも重要な要因はなにか」と質問したところ、韓国の大学生の半数は「親の財力」をあげました。教授は、これは日本、中国、アメリカの大学生からは見られない結果だったとしています（『毎日経済』／２０２２年12月４日、調査は２０１７年）。

実は、こうした２０３０関連の問題は、つい数年前まで「アウト・オブ・眼中」として、あまり報道されることがありませんでした。それがここ数年で、増えてきています。特に青年の貧困が話題になっており、ブログで取り上げたものをひとつ紹介すると、２０２４年２月13日を前後して、各メディアが「韓国の青年の42％は、体が苦しくても病院に行けない」と大きく報じたりしました。

韓国の２０３０の33・７％が、「費用や時間などの理由で、体に問題があっても病院に行けない」というのです。４０００人を対象にしたサンプル調査結果ではありますが、病院に行けないと答えた若者は41・６％にも上りました。その理由としては「忙しい」が47・１％、「費用が負担になる」が33・７％などです。調査対象の約半数は健康検診を受けたことがなく、（以下、家族も含めて）「体が苦しいときに頼れる人がいない」が15・２％、「１か月間、私的に人に会ったことがない」と答えた人が16・４％でした。憂鬱だと答えた人は57・８％、自殺について考えたことがある人は37・１％などです。ＯＥＣＤ不動の自殺率１位、唯一の人口10万人あたりの自殺者数が20人を超える（２０２０年のＯＥＣＤ集計で23・６人、日本が同年14・６人）韓国だけあって、いろいろと息苦しいデータが並べられていました。

関連した内容として、２０２３年の１月、『アジア経済』など複数のメディアに「孤立隠遁《いんとん》青年」という言葉が大いに報じられました。「19〜39歳」、「情緒的・物理的孤立状態が６か月以上」、「ほとんど外出しない状態が６か月以上」を基準にした場合、約61万人がその状態にいると推定される、とのことです。先ほどの病院の件に出てきた「人と会ったことがない」などの延長線上にある話と見てもいいでしょう。この孤立隠遁青年、韓国ではかなり話題になっており、「引きこもり」など似たような事象が社会問題とされる日本よりも、さらに深刻な状態だとされています。

ネットで検索しただけの結果で恐縮ですが、「完全に家から外に出ない人」から「普段は家にいるが、自分の趣味のときには外出する」状態の人まですべて含めても、日本では「69万6000人（15〜39歳、5000人調査）と推定される」とのデータがヒットしました。単純比較はできませんが、韓国の人口は約5000万人ですから、人口比的には日本の約2倍と言えます。

そこまで深刻な事態であるにもかかわらず、数年前までは、一部の専門家が危機感を表していたものの、おおかた「無能なヤツめ」というひと言ですべてが終わっていました。「恨」のところでも少し触れましたが、恨の精神世界では、基本的に子供の役目（親孝行）は、親の恨みを晴らすこと、あえて極端に書くなら物質的に「上」になること、そして親を「上」につれていくこと、とされています。ですから、ＩＭＦ期間以前、いまからざっと20年前までは、親が「無能な子供」を恨むのが当たり前でした。それがＩＭＦ期間を経て、ちょうど表と裏がひっくり返ったような状態になり、いまは子供が無能な親（実際には大金持ちではないからといって無能なわけではありませんが、物質主義的な観点から）を、「なんで大金持ちにならなかったんだよ」と恨む時代になっています。ひっくり返っただけで、その根源である物質主義と恨の精神にはなんら変わりはありませんが。

なぜ、「子供＝バカ」とされるのか

こうした歪《ゆが》んだ価値観は、韓国語で「息子・娘」を意味する「子息《ジャシキ》」という言葉が、場合によっては「バカ」の意味を持つことからもわかります。日本では友だち同士でも「このやろう」と言ったりするように「場合による」のでちょっと説明が難しいところもありますが、韓国語の「子息」には「バカ」、「無能なヤツ」という攻撃的な意味も含まれています。

もともと相手を凌辱《りょうじょく》する表現、いわゆる「辱《ヨク》」が多いとされる韓国語。そのなかには、「親子関係」が由来のものが結構あります。映画やドラマなどでも日本より圧倒的に「そういう言葉」が出てきますが、「セッキ」という言葉を聞いたことはないでしょうか。「ケセッキ（犬野郎）」というようにも使われます。セッキは「獣の子」のことです。もともとは自分の子供への愛情表現だったとも言われていますが（古い表現だと母が自分の子供に「愛する私のセッキ」と言ったりします）、いまは完全にヨクになっています。すなわち、ケセッキとは「お前の親は犬だ」という意味です。このように本人だけでなく、ある種の連座制（親、家族を責める）表現が多いのが、韓国語のヨクの特徴です。

このセッキは、完全に喧嘩するとき以外はあまり使われません。一方、喧嘩相手以外にも普通に使われるのが「ジャシキ」です。日本語にすると「息子・娘」のことですが、なぜこうした単語に「人を見下す、馬鹿にする表現」としての意味が共存しているのでしょうか。

英語の「キッド」などもそうですが、日本でも「ガキ」「お子様」などが、相手への挑発になることはあります。また、「バカ息子」「愚息」などの表現もあります。昔のドラマやアニメの親子喧嘩シーンによく出ていました。ですが、韓国ではそれらとは使い方が違い、ジャシキ（子息）に「馬鹿者」という意味が内包されています。

たとえば、大事な会議がある日の朝、寝坊した後輩が遅刻したとしましょう。すると、会議場で待っていた先輩が、遅刻した後輩にこう言います。「このジャシキよ」と。もちろん、先輩と後輩は家族関係ではないので、日本語としては不自然な表現になりますが、これが韓国語では成立するわけです。日本語訳するなら「このバカモノが」くらいのところで、普通にジャシキ（子息）という単語が使われます。

ここでいうジャシキは、「バボジャシキ（バカ子息）」から来た言葉です。親の面倒を見ない、役に立たない子息を、バボジャシキ、バカ子息と呼んでいたため、ジャシキにそんな意味が内包されたわけです。この部分については、私の個人的見解も結構入っていることをご理解ください。なぜなら、なぜこういう使い方が成立しているのか、正確には誰にもわかりません。ちなみに、韓国で「セッキ」や「ジャシキ」がよく使われるのは、他人の子供も自分の子供のように思う優しい人が多いからだという、美化された見解を出す人たちもいます。ですが、その割には詐欺事件が多すぎるので、私は同意しかねます。

もう少し韓国語講座モードを続ければ、こうしたヨクは韓国語でバカを意味する「バボ」の語源ともつながりがあります。バボの語源は、「バップ（飯）」と「ポ（袋）」です。働かずに飯ばかりいっぱい食べるヤツ、という意味でバボです。前にも拙著で紹介したことがありますが、これは「無能」を「バカ」とする韓国特有の見方です。他の国の言葉でも、「バカ」は「なにかがなかなかうまくできない」というニュアンスが含まれることがありますが、韓国の場合はそうした側面が他国より強いとされています。個人的には、「語源からして、そのままの意味」だと見ています。一方、日本語のバカは、秦の趙高《ちょうこう》という権力者が皇帝に鹿を捧げ、「これは馬です」と主張した「鹿を指して馬となす（指鹿為馬）」という故事から漢字で「馬鹿」と表記されるようになったとされています。ものの分別ができない、または間違いを押し通す、または押し通される人、といったニュアンスでしょう。「いや、それは鹿です」と正しく反論した臣下たちは、のちに消されたと言われています。ちなみに、英語のｆｏｏｌは、「無知」「愚か」「（危険などを）察しない」などの意味を持ちます。タロットカードなどでも相応の描かれ方ですが、無知や愚かさを意味する別の単語よりは、愛嬌のあるイメージでもあります。

その点、朝鮮半島でのバカは「無能」とイコールです。「病身《ビョンシン》」と「バボ」が、部分的に同じ意味になっているのも、このためです。身体になにかの障がいを持っている人を意味する病身とバボは、同じく「なにかがうまく出来ない人」という意味になります。身体障がい者とバカを同じ意味で語る表現は、これもまた韓国特有のものだと言われています。

いまでは病身は差別用語とされていますが、それでも10～20年前まで普通に「バカ」と同じ意味、バカよりもうちょっと強く相手を罵《ののし》る意味で普通に使っていた言葉なので、国会議員や有名人などがつい口にして、障がい者団体などから抗議されることもよくあります。

「出世して親の恨み（出世できなかったこと）を晴らしてくれ」と負担を背負い、それを当たり前だとされながら育った青年たち。それができなければバボジャシキと罵られる韓国社会において、彼らをめぐる問題が、無能な個人という枠組みではなく社会全体の問題として認識されるようになったのは、つい十数年前のことです。

親より貧しい初めての世代

二十年近く毎日のように韓国情報をチェックしていると、韓国社会の関心の変化や考え方の変化が見えてきます。別に内容まで精査せずとも、記事の数や話題の持続性（単発で終わるのかどうか）などの傾向から、韓国社会の関心度がわかるからです。ここ数年間、韓国の各メディアの記事を読んでいると、青年関連の記事が急増してきました。これは、役に立つかどうかはともかくして、現象としては望ましいことだと思っています。先ほども書きましたが、青年たちも一人の人格です。昔に比べて親の面倒を見る負担から自由になれたという見方もありますが、逆にいままでの世代に比べて「親の助けを得る」ことが格段に難しくなった世代でもあります。なぜなら、親世代に余裕がないからです。一部では、いまの２０３０たちを「韓国の現代史において、親より貧しい初の世代」と表現する専門家もいます。

いままでも青年関連の記事がまったくなかったわけではありません。しかし、どちらかというと青年が自らの力で克服しようとしないのが問題ではないか、という趣旨が主流でした。有名なのが、２００８年頃から始まった「ベンチャー起業すればいいじゃないか」という流れです。この流れは、政府の政策にもありました。高速道路休憩所（日本で言うサービスエリア）に屋台のようなものを作っただけなのに、「青年創業」としながら大いに持ち上げたりしました。いまとなっては、本当に一握りの成功例を除いては、「全滅に近い結果だった」と言われています。若い力でなんでもできる、という無茶振り同然の政策でした。

言い換えれば、つい最近まで青年たちは社会問題、特に経済面で社会から「疎外」されていたとも言えます。これには、「青年よりも上の年齢層の人たちも、経済的に困窮していた」という背景があります。経済関連で、他の年代が「悪い意味で注目されすぎた」わけです。

15〜20年ぐらい前には、40〜60代をなんとかしないといけない、このままじゃダメだ、そんな記事がメインでした。詳しくなにをどうすべきかは、誰も書きませんでしたけれど。福祉という概念に気をつけなければならなかった頃、経済が破綻し、経済主権をＩＭＦに渡すしかなかった韓国は、いまでもＯＥＣＤワーストの老人貧困を抱えています。韓国の住宅街を見たことがある人なら、ダンボールなどをリヤカーに集める老人の姿を見かけたことがあるでしょう。

韓国はＩＭＦ期間に次いで、自営業ブームの失敗を経験することになります。これもある意味、福祉政策の遅れによるものだと言えなくもありません。韓国は、退職年齢が日本より早く、いまでも各種調査結果を見ると、40代後半から50代前半での退職が一般的です。韓国経済人連合会が２０２３年11月１日に発表したデータでは、平均退職年齢は50・５歳で、調査対象になった約１０００人のうち、49・５％は50歳になる前に退職していました。

そのうち56・5％は、「自発的な退職ではなかった」とも。これでも改善されたほうで、一時は45歳に退職、いや「退職させられる」のが一般的でした。韓国では朝鮮戦争後、1955～1965年あたりに生まれた世代をベビーブーム世代と言いますが、2010年あたりから彼らが40～50代になって退職しました。当時は年金制度もまだきちんと機能しておらず、彼らは退職金、あるいは銀行からの借金で自営業をやるしかありませんでした。しかし、なんのノウハウも持っていない人が成功できるほど、甘い世の中ではありません。多くの人が事業に失敗し、借金ばかり増えていきました。こうした経緯で、経済関連の話題の中心は青年ではなく、いつも「大人」たちだけでした。

「それでも投資は公正だ」

「優秀な人間になれ」と大きな声で言われ、「あ、優秀とは大金持ちのことだからな」とそれより少し小さな声で付け足されながら育った青年たち。しかし、出世できるのは一握りのエリートだけ。「韓国社会は、なにもかも極端に二分されている」というのが私の持論のひとつですが、所得面においてもこれは例外ではありません。

先ほど、大企業による雇用が少ないと書きましたが、それら大企業と中小企業の賃金の格差が、なんと2倍にまで広がっています。厚生労働省の「賃金構造基本統計調査」というデータを見ると、2022年基準で、日本の大企業の賃金を100とすると、中企業の賃金は85・7、小企業は79・7ということになっています。余談ですが、最近日本もやっと賃金上昇、デフレ脱却などの話が本格的に出てきており、中小企業にもこの流れが広がることを期待したいところです。

一方、韓国の場合はどうでしょう。ちょうど同じく2022年基準ですが、統計庁が発表した賃金関連報告書によると、大企業と中小企業の賃金差は2・07倍。大企業を100にした場合、中小は50にもならないという意味です。ちなみに、大企業の場合は賃金がかなり高く、大企業の半数近くが年間平均賃金1億ウォンを超えると言われています。これが、韓国の平均賃金を大幅に押し上げていますが、その大企業による13・9%の雇用に入れなかった人たちは、その半分以下の低い賃金しか得られません。さらに「下」のほうに行ってみると、そこはさらに酷い有様です。

OECDのデータによると、最低賃金制度があり、なおかつOECDがデータ収集している25か国の中で、最低賃金以下の労働者がもっとも多いのはメキシコ（25％）で、その次が韓国の19・8％です。他の国を見てみると、ベルギー0・9％、米国1・4％、オーストラリア1・7％、日本2・0％、チェコ3・1％などです。この数字を『アジア経済』（2023年4月2日）などが、2023年の春にかなり大きく報じました。ランキング下位を見てみても、22位フランス（12％）、23位スロベニア（15・2％）、そして24位韓国、25位メキシコですから、下の2か国が抜けていることがわかります。

ＯＥＣＤではなく韓国経営者総協会が集計した韓国内のデータを見てみますと（ＯＥＣＤは「最低賃金以下」ですが、こちらは「最低賃金未満」で集計しています）、2022年基準で最低賃金未満の労働者は、12・7％でした。人数としては275万6000人になります。2001年には4・3％（57万7000人）にすぎなかったということですから、まさに急増したことになります。2019年には16・5％ともっとも高くなりましたが、そこから最低賃金すら払えなくなった企業側が、今度は労働時間を削り始め、それにともなって減少したのがいまの12・7％です。こちらは『聯合ニュース』（2020年6月16日）ですが、「労働時間を減らすことで、最低賃金引き上げの分に対応した結果と推定される」とのことです。小規模な仕事場（5人未満）の場合は、集計対象の労働者375万人のうち29・6％である110万9000人が最低賃金未満でした。先ほども「就業者に飲食業が多い」と書きましたが、「宿泊・飲食店業」カテゴリーで、最低賃金未満労働者は31・2％に上ります（2023年4月2日『ニューシース』）。宿泊・飲食業がひとつのカテゴリーになっているのは、創業にかかる資金が比較的少なく、韓国では代表的な庶民業種であるからです。韓国のいたるところにあるモーテル（ラブホテルのようなもの）群などが、その一部です。ただ、それでもこの31・2％の人たちは、まだ幸せなのかもしれません。一応、賃金はもらっていますから。

韓国では、旧暦1月1日（ソル）や旧暦8月15日（秋夕・チュソク）など、重要な祝日とされるシーズンにはかならず「賃金未払い」がニュースになります、まだ2023年の賃金未払い額は完全に集計されていませんが、それでも1兆7000億ウォンを超えています。最高記録は2019年の1兆7200億ウォンだったので、記録更新となる可能性が高いと言われています。『朝鮮日報』（2022年6月4日）によると、「2017年〜2021年までの5年間の未払い賃金が7兆ウォン。同期間の日本の未払い賃金に比べると14倍規模」だそうです。そう、格差がどうとかを語る前に、まず人間としての扱いそのものが疑わしいのです。では、どうするのか。2030たちが子供の頃から言われてきたのは、「優秀な人間になれ。あ、優秀とは（以下略）」だけです。そうして頑張って勉強して大学まで出たのに、報われるのは一握りだけ。そして、「まだ日本旅行にも行ってきたことないの？」、「ブランド品をひとつも持っていないの？」と見下されることをなにより恐れる韓国特有の心理ばかりは強く受け継いでいる2030たち。この状態でなにをどうするのか。そう、ここで話が彼らの特徴の「その2」とつながります。

「それでも、投資が公正だ」です。

第五章
「公正さ」が「公正」とは限らない

魂までかき集めた投資と自己破産

拙著やブログで何度も取り上げましたが、韓国では「ヨンクル」というものが社会問題になっています。「ヨンホン（霊魂）」まで「クルォモア（かき集め）」て投資をするという意味で、ほとんどはマンションを購入します。２０２２年12月には、さまざまな手段で24億ウォンを借りて、27億ウォンのマンションを買った40代が、各メディアで「いくらなんでもここまでやるのか」と話題になりました。結局は利子を返済できずマンションはオークション行きになりましたが、すでに韓国は金利上昇などで不動産景気が悪く、17億ウォンでも買う人がいないそうです。通常、銀行がお金を貸すときは所得などを考慮するものですが、この人はそうした規則をきちんと適用しない貸金業者を利用し、家族や知人からの借金も総動員したとのことで。家族や知人といった個人間の取り引きは当局の制裁を受けないので、表向きだけ個人間の取り引きにする、ある種の「企業化」した組織も存在します。当時、一部のメディアは「ヨンクル族の王様と呼んでもいいのでは」など、さすがにこれはやりすぎだと皮肉たっぷりの記事を書いていました。

ヨンクルすべてがここまで極端だとは限りませんが、このような借金による投資が韓国ではかなり流行っていて、特に２０３０の人たちが、比較的安く値上がりが予想される不動産、主にマンションを購入する事例が増えています。大手メディアも、これといった説明なしに「ヨンクル族」とするなど、韓国ではいつのまにか一般に通用する単語となりました。いや、なってしまいました。韓国信用情報院のデータ（２０２３年6月末基準）で、30代以下の金融債務不履行者は約23万１２００人。全体の金融債務不履行者のうち、30代以下の割合は29・75％まで上がりました。金融債務不履行者とは、融資利子を90日以上延滞した者で、登録されると金融取引が中断されます。

個人破産にも種類がありますが、各メディアがもっとも一般的に取り上げる「個人回生」、ならびに自営業者が中心の「債務調整」が韓国では急増しており、２０２３年２月～２０２４年3月の1年間は、前年比でそれぞれ30％ずつ増加しています。そして、その双方が過去最高記録を更新し続けている、とも。

個人回生とは、日本の個人再生と似たような趣旨の制度で、５億～10億ウォンの間（担保の有無などで限度金額が異なります）の債務に適用されます。裁判所が「ある程度でも返済していける可能性がある」と判断した場合に限り、最低限の生計費以外をすべて返済にあて、そのまま3〜5年間を〝誠実に〟過ごせば、残りの債務は免除される制度です。ただ、免除と言っても、金融取引の制限などデメリットも多くありますが。

韓国メディアが破産関連でもっともよく取り上げるのもこの数値で、２０２３年上半期（6月まで）の個人回生申請者における２０３０の比率は、全体の47・３％をも占めています（『イーデイリー』／２０２４年2月22日、「ソウル回生裁判所」データ）。

「公正さ」と「公正」の埋まらない溝

拙著『韓国の借金経済』や『韓国の絶望　日本の希望』などで、こうしたダークな内容をずっと追いかけてきた私としては、金融監督院が「それでも投資が公正だと思う２０３０が多い」とした報告書の存在は、実に興味深いものでした。投資なのか、投機なのか、まずそこからが問題ですが、そもそもなぜそこで「公正」という言葉が出てくるのか。韓国社会に関する分析を読んでみると、必ずこの単語が出てきます。時代によっては「配慮」という単語が出てくることもありますが、最近は「公正」です。本書の別の部分で書いた、清貧な生き方を強調する「ソンビ精神」が流行ったのは2000年代初頭の話（専門家の中には1990年代後半だとの話もあります）。そこから「清貧」、「配慮」、そして「公正」という流れは、外見的な単語を変えただけで、中身は「物質主義以外のなにか」を渇望する社会的要望だったかもしれません。ですが結果的に、それはいまだに叶えられていません。

ここ5年ほど、「韓国の2030は公正を最大の価値観とする」という話を、本当によく目にし、耳にします。公正という言葉を強調する2030が多いのは、紛れもない事実です。そもそもよからぬ企みがない限りは、公正という言葉を嫌う人はいないでしょう。しかし、実はこの公正という言葉、「怒り」ともつながる危険な一面があります。端的に言えば、公正と叫ぶほど「現状は公正ではない」ことを意味し、勝利や敗北などの概念を超えて、勝負そのものを認めない意味にもなりかねないからです。国際スポーツ試合で、他の国の選手たちに比べ、韓国チームの選手がルールに不服を唱える場面をよく目にしますが、個人的に無関係ではないと思っています。

このような点に学者たちも気づいており、多くの論文が「この公正という単語には気をつけるべきだ」としています。一例として、英国カウンセリング・心理療法協会のJemi Sudhakar博士が書いた論文によると、「いつも（Always）」、「決して（Never）」、「やらないといけない／やってはいけない（Should or Shouldn't／Must or Mustn't／Ought to or Oughtn't）」、「公正ではない（Not Fair）」、これらの言葉を使うとき、怒りを抑えるよう細心の注意が必要だとしています。なぜなら、自分が怒るための論拠にもなりうるからです。

怒りの論拠として頻繁に使われるのが「不公正」という単語ですが、その中身は「あなたは私の話を聞かない」、「決して」、「いつも」とヒートアップしがちです。「決して」や「いつも」というのは、往々にして単なる決めつけにすぎず、結局は「自分の権利をあなたが不当に奪った」という、加害者と被害者の論理にすり替えているだけです。自分は被害者であなたは加害者だという前提ができてしまえば、その議論には「本当に公正なのかどうか」という問いはもはや存在しません。日本に来てからあまり耳にしなくなりましたが、韓国にいたときは、毎日のようにこれらの言葉を耳にしていました。

公正という単語を使うからといって、その議論が本当に公正であるとは限りません。なにか別の原因があるのに、善悪の二元論や加害者と被害者の対立構造に置き換えることで、むしろ不公正な関係にしているのではないか、そんなことも考えてみなければなりません。「公正」というものが素晴らしい価値観であるからこそ、この部分ははっきりしなければなりません。単に自分が不利だから、またはなにか劣っている部分があるからといって、みんなが「公正ではない」と叫ぶようになれば、公正という価値観は「ただの自己弁護の道具」になってしまうことでしょう。

なぜ韓国で「配慮」という言葉が流行ったのか？

私がまだ「アメブロ」でブログを書いていた2010〜2015年の頃から、多くのメディアで「配慮」という言葉が溢れ出るようになりました。「もっと他人に配慮するようになろう」という内容で、社会で大切にすべき価値を問うアンケートなどでも「他人への配慮」が1位になる調査が増えてきた、そんな記事です。いわゆる「IMF期間」のあと、不動産投機がまさに狂風と言える勢いで社会を荒らしていた時期、借金でマンションを買った人たちが大金持ちになる姿は、そうでない人たちに大きな喪失感を与えました。そんな社会の雰囲気によるものなのか、政府のキャンペーンの一環なのか、それともタイミング的に日本旅行で大勢の人たちが日本の文化に触れるようになった時期だったからか、あるいはその日本へ対抗するための反応だったのか、それはわかりません。ただ、各記事や専門家の見解などには、概ね共通する部分がありました。それは、「リードしているのは、主に若い世代だ」ということです。彼らはあまりにも過激な競争のなかを生きているので、他人への配慮を重視するようになった、というのです。

伝統的に韓国人がもっとも重要とする価値観は、物質、すなわちお金です。本書でも中心的に書いていますが、その歴史はかなり長く、いまでも「お金持ち=特権階級」であり、身分の上下を決める基準だとする認識が、とてつもなく強く残っています。若い世代がリードしてこの風潮を変え、配慮を重視するようになったのであれば、それは喜ばしいことです。しかし、先ほども「ピュー・リサーチ・センター」の報告書を紹介しましたが、大規模な社会的調査の結果は、さほど変わっていません。「他人に配慮すべき」と口々に言われていたのは、いまから10〜15年前のことです。当時から若い世代が中心になって韓国が「配慮」をもっとも重要な価値観とする社会に変化していたのなら、今頃こうした社会的調査の結果も変わっていそうなものですが、残念ながらそうではありません。

当時、ブログにも同じ文章を書きましたが、いまでも私はこう思っています。ひょっとして、多くの人々が口にする「配慮」とは、「私が（も）他人に行うべきもの」ではなく、「他人が私に行うべきもの」として認識されていたのではないか、と。だからでしょうか、最近は「配慮」という言葉はそこまで使われることがなくなり、代わりに「公正」がメインになりました。ただし、中身や使われる文脈は「配慮」のときとほぼ同じです。

つまり、私が勝てそうにないから公正ではないというのです。

各種記事、論文、書籍、そして政治家たちが、「最近の若い世代は公正さをもっとも重視する」と口を揃えます。本当にそうでしょうか。いまの2030たちのやり方には、同意しかねる部分が多くあります。口では公正を主張しながらも、実は公正ではなく自分が勝てるようになってほしいだけではないのか。そう思うこと自体は悪いことではないけれど、それをルールのせい（勝負そのものを認めない）にするのは、どうなのか、と。「不動産投機で大金持ちになった人たちのせいで、私たちが公正に大金持ちになれない」としながら、自分たちは借金をかき集めてマンション投機に命をかけるのは、果たしてどういう価値観なのか。

「グラウンドが傾いている」

そういえば、私が韓国にいた頃、まだブログにメッセージ機能があったとき、日本側の読者のみなさんから「韓国の若者たちから、大企業（財閥による経済支配）を悪だとする意見をよく聞きますが、その本人たちは大企業に入るために厳しい私教育を受けます。これは矛盾ではないでしょうか」という趣旨の質問を複数回いただきました。あのときの矛盾が、いまの2030たちにもそのまま表れています。こうした矛盾点は、さすがに褒める気にはなれません。

しかし、見方にもよりますが、いまの2030は「そういう社会」で生まれ育ってきたのです。配慮も公正も、結局は「お金」と関連して使われるようになった言葉です。いいか悪いかで書いているわけではありません。そういう社会的持論、あるいは概念、通念、そんなもののなかで育った人たちの言う「公正」が、お金（この場合、投資）と無関係なはずがないでしょう。そう思っていただけに、「2030が投資に熱中しているのは、それでも投資が公正だと思っているからだ」という報告書は、本当にこの1行だけでも、私にとっては大傑作でした。それっぽく２０３０は悪くないと書くために頑張ったものの、金融監督院の人も心のなかでは、私と似たようなことを考えていたのでしょう。だから、公正という美しい言葉を用いても、結局はお金の話に流れ着くわけです。

この報告書を詳しく紹介している『毎日経済』（２０２1年5月28日）の記事を引用してみたいと思います。それから、また私の私見に戻りましょう。ちなみに韓国では、銀行など各金融機関の監査・監督は金融監督院が担当します。中央銀行の韓国銀行もそうですが、やっていることはどう見ても公企業（行政機関）としか思えませんが、一応、公企業ではありません。日本でもＮＩＳＡなどを通じて個人投資の人気が増していますが、報告書に記されている「２０３０が熱中している」投資とは、主に株式やコイン（暗号通貨）などです。手元に不動産を買うお金がないから、ひとまずの資金作りのためのものです。公正と言うか「〝それでも〟公正な手段」で不動産を求めるということですが……。

彼らより前の世代が不動産で資産を増やしたことを、いまの青年たちは公正ではないと主張してきました。最近はあまり聞きませんが、「グラウンドが傾いている」という表現が一時、有名でした。本当はサッカーの試合で、片方だけがいつも負けることを皮肉るために作られた言葉だと聞きますが、サッカーグラウンドが傾いている、すなわち片方のチームに不利であるということから転じて、「そもそもルールや基準などが不公正だ」との意味で韓国社会で流行りました。そして、この言葉がもっとも頻繁に使われていたのが、不動産関連です。前の、あるいは前々の世代が不動産市場を全部握っているし、その価格も上がりすぎていて、私たち（青年たち）は不動産で大金持ちになれるチャンスがない、マイホームすら買えない、これは前の世代のせいだ、とする内容で、ちょっと書き方を変えれば、「階層移動の梯子《はしご》」として不動産を利用したいけれど、それができなくなった、これはグラウンドが傾いているのではないか、そんな話です。

韓国社会で流行っている「階級論」のなかで特に有名なものとして、資産などで人を「金のスプーン」「銀のスプーン」「土のスプーン」にわける「スプーン階級論」というものがあります。こうした考えの根底にあるのは、「大金持ちになれない」という批判や諦め以上に、「大金持ちの子供になりたい」という願望です。「○○のスプーン」という表現そのものが、ヨーロッパの古い慣用表現「銀のスプーン（銀のスプーンを口に咥《くわ》えて生まれた、など）」から来たものです。貴族、つまり大金持ちの子供に乳母《うば》が母乳を与えるとき、直接授乳することが許されず、銀のスプーンにいったん母乳を出して、それを赤ちゃんに飲ませたという慣習が由来です。

自己破産してお祝いする若者たち

「私が大金持ちではない」ことではなく、「大金持ちになれなかった人の子供に生まれた」ことに、2030の不満の矛先は向いています。そんな彼らが、また同じことを繰り返している。先ほども書きましたが、こうした行いを「悪い」とだけ書くつもりはありません。お金に、お金がほしいと思う気持ちに、いいも悪いもありません。ただ、言動が矛盾している事実は否定できません。以下、〈〜〉で引用してみます。

〈…金融監督院は、MZ世代（※ミレニアル世代とZ世代、主に20代・30代）が株式と暗号通貨投資に熱中する理由は、これらの投資をもっとも公正なゲームとして認識しているからだと分析した。不動産は取引単位が大きく、各種情報も遅く、スムーズでもなく、MZ世代としてはアクセスしづらい。だが、株式と暗号通貨投資は「金のスプーン」でなくてもできるし、デジタル機器を利用して誰でも富を蓄積することができ、だから「公正だ」と見るわけだ。しかし金監院はMZ世代の投資に懸念の声を出した。彼らは客観的な分析情報ではなく、社会関係網サービス（SNS）を通じて、知人間で交流された情報に基づき、「即時かつ同調」的に投機に近い傾向を示しており、これはガラスのように脆《もろ》いと指摘している…。

…金監院はMZ世代の株式・仮想通貨など資産投資に対する見方を、大きく「もっとも公正なゲーム」、「他の人がやるから私もやる」、「不動産購入のための踏み台」の三つに分析した。まず、ある世代より公正を重視する20代・30代の立場では、社会的背景に関係なく、誰もが同じ投資条件とリスクを持つという点で、投資が〝それでも〟もっとも公正なゲームだと評価しているという説明だ。特に暗号通貨や株式は少ない資本でも投資が可能で、デジタル機器を通じた投資が普遍化し、2030世代が容易に飛び込んだという分析だ。また、MZ世代は「他の人がやるなら私もやる」という考えが強く、投資においてもデジタル技術を活用して集団的に拡大・再生産すると金監院は分析した。たとえば、SNSやメッセージアプリなどで知り合いのコミュニティが暗号通貨関連情報を交流していると、そのコミュニティ全体の参加者が同時に投資をして、それがまた他のコミュニティの人たちにも広がっていく方式だ…。

…MZ世代のこのような投資への見方について、金監院は「透明に見えるかもしれないが、ガラスのように脆弱《ぜいじゃく》だ」と診断した。MZ世代の投資はSNSを通じて情報を共有して少額でいつでも直接できる投機的なゲームだという説明だ。金監院はまた報告書で、MZ世代のキーワードとして「公正」「価心比（※）」「デジタル」「不動産」の四つをあげた。金監院は「住宅価格の急騰など資産の格差拡大で、階層移動のための梯子が消えるにつれ、MZ世代は公正をとても気にするようになった」としながらも、「ただし、彼らの公正の概念は、配慮の含まれた『衡平《こうへい》』というよりは、機械的な平等に近い」と分析した…。

…共有経済に慣れたMZ世代だが、目標は不動産（マイホーム）であることも調査された。金監院報告書が引用した青少年政策研究院の資料によると、MZ世代10人のうち7人は「マイホームは必ず持っていなければならない」と考えた。また、未来アセット研究所によると、MZ世代の61％は、投資の理由として「住宅購入財源を用意するため」をあげた（『毎日経済』）〉

ちなみに（※）の価心比とは、コストパフォーマンスを意味する「価性比（価格対比性能）」からきた言葉で、価格に比べて心理的に満足できるという意味です。その投資の結果が、心理的に満足できなかった場合や赤字になった場合、それでも「公正だから」と言えるのかもまた、この件の評価を大きく変える要素でしょう。本当に公正だと思っているなら、負けても（満足できなくても）文句は言えないでしょう。しかし、残念ながら、そうではありません。

『国民日報』（2023年6月22日）は、先ほど書いた個人回生（日本の個人再生のような趣旨の制度）に、2030が急激に増えているとしながら、その一因として、彼らの心構えを指摘しています。すでに「消費水準がその人を説明する社会になった」、すなわち「どんなブランド品を持っていて、お金をどれくらい使えるかでその人の価値が決まるようになってしまった」としながら、記事は多くの個人回生の申請者たちが、それをあまりにも当たり前のように思っている、たとえば「ムダ遣いをしたことは隠せばいい」、「借金して、返済できなかったら個人回生すればいい」と思っているとしています。裁判所の担当者たちが、精神的にもう限界に来ているとも。個人回生と認められたあと、「お祝い」あるいは「自分へのご褒美」とでもいった感覚で、追加で借金をする事例も見られるとのことです。そして、こうした需要を狙って、個人回生を専門的に担当するブローカーたちまで活動しており、「個人回生を○件も成立させた」と宣伝する法律事務所が当たり前になっているそうで、もうなにがなにやらという話です。

ケチを突き詰める「チャンテク」

さて、次の話に移る前に、「しかし、逆の場合もある」ということを、念のため併記しておきたいと思います。経済発展が止まってしばらく経つと、どこの国でも現れるという、あれです。そう、「極端な低消費で生きればいい」派のみなさんのことです。無理のある投資の結果、金融機関と裁判所に迷惑をかける人たちよりは圧倒的に肯定的ではありますが、とりあえず、こうした現象を韓国では「チャンテク（＝ケチテク）」と言います。チャダは、もともとは「塩っぽい」という意味ですが、ケチだという意味にもなります。SNSには、「物乞いの部屋（ゴジバン）」というコミュニティがあり、低消費で生きる会員たちが話し合ったりするそうです。

代表的なのが「現生（現金生活）チャレンジ」です。「現生」とは一見、哲学的な言葉にも見えますが、単に現金で生きるという意味です。それがチャレンジと言えるのか不明ですが、一部メディアは「財布から現金を取り出すのは面倒だから」と説明にならない解説を加えています。「財布のなかに現金がないのを逐一《ちくいち》見て、現実を知るため」と聞いたことがありますが、このほうが合っている気がします。

単に消費を減らして生きるというなら、それだけで問題になるようなこともありません。少しでもコストパフォーマンスがいいものを求めたり、いままで加入していた通信関連などの支出を調べ直し、乗り換えることを積極的に検討してみたり、そんなケチテクもあります。そうした行動は世界中どこでもやられていますし、うまくいけば「知恵」とも言えるでしょう。ケチというより節約です。

一方、韓国のケチは、ただただ「お金を使わなければいい」、「使うお金がない」といったニュアンスを強く感じます。なかには妙なケチテクに覚醒した（？）人もいます。たとえば、来訪者をもてなすために会社の給湯室（湯沸室）においてある食べ物を盗み食いして一日を生きる「タンパ（湯沸室掘り返しの略）」という言葉があったりします。タンパに成功したらSNSで盛大に報告し、仲間たちが祝福してくれるという話もあります。

2024年2月29日に、KBSなどが「トンデモケチテク」と報じた一件は壮絶です。本人確認のために銀行側が口座に1ウォンの入金を行うシステムがありますが、それを10万回繰り返して10万ウォン稼ぎ、順調に警察沙汰になった天才が出現したとのことで。さすが人力ではなく、なにかのプログラムを使ったそうですが、この一件をきっかけに各金融会社は1ウォン入金の回数制限をかけたそうです。率直に常軌を逸しています。

第六章

2030の根底にある「反日思想」と「陣営論理」

反日思想はなにも変わっていない

ここからは2030の特徴の「その3」であるネット関連（デジタル世代）の側面とともに、彼らが「社会的持論のふりをしてきたもの」には本物の社会的持論（物質主義、拝金主義）と矛盾する点があるのに、なぜそれが修正されなかったのか、なぜいまも修正されずにいるのか、そんな話になります。ネットの話は、「陣営論理（無理をしてでも自陣営だけを『善』とする現象）」とも、そのままつながります。

これまでも韓国にはそれぞれの時代ごとに、思想や通念、「よき」とされる概念、そんな社会的持論がありました。しかし、それらはすべて物質主義と強く結びついており、結局は物質（お金）を得るための道具になってしまいました。口で言っていることと実際の行動の辻褄《つじつま》が合わなくなったのです。そんなものは、普遍的な持論にはなれません。たとえば、子供が「嘘をつくのは悪いことです」とどれだけ学校で教育を受けても、身の回りの大人が平気で嘘をつくのを見ながら育つと、口では「嘘をつくのは悪いことだ」と言いつつ、実際は自分で嘘をつくようになります。「こんなものだろう」という、これはこれである種の持論、いや処世術が出来上がってしまうわけです。そして、そうやって染みついた処世術は、学力水準とは別の話として、なかなか精神世界から出ていってはくれません。

これから私が経験した範囲、そして考えが届く範囲内で、いくつかの事例を紹介していきます。同時に、なぜこれらの「社会的持論もどき」が、それぞれの時代に修正されなかったのか、なぜ矛盾を指摘する声が強くならなかったのか、その点についても分析していきます。


先ほども書いたように、矛盾が矛盾のまま修正されない要因として、「そういうものを見て育ったから、そんなものだろうとしてしまう」ことがあります。これがもっとも大きな要因ですが、それ以外の要因を探っていくと、そこには「反日思想」というモンスターが横たわっています。

社会的持論の矛盾を修正するのに、なぜ反日思想の話が出てくるのか不思議に思われるでしょう。しかし、これは事実です。ここでは反日思想だけでなく、「陣営論理」というものについて、一緒に考察する必要があります。

一部には「韓国の反日思想は、若い人たちの間では弱体化された」と主張する人たちがいますが、それは違います。まずは、この点から書いてみます。どこをどう見るか、たとえば「どの範囲で語るのか」などで異なるでしょうけれど、私は「根幹はなにも変わっていない」と見ています。幼かった頃から「日本は加害者なのに謝罪も賠償もしていない」という話ばかりを目にし、耳にしながら育つので、いくら個人化が進んだとしても、反日思想から覚めることはありません。実際、反日思想を扇動して選挙で勝ったという話は聞いたことがありますが、「親日」で支持を集めたという話は聞いたことがありません。

２０２４年４月の総選挙に与党から出馬する予定の国会議員予備候補だったチョ・スヒョン氏は、数年前に「併合時代のほうが、朝鮮時代よりも暮らしやすかったのかもしれない」とSNSに書いた事実が明らかにされ、「国民のみなさまへ」としながら、「私が愚かでした。もう二度としません」と謝罪しました。２０２４年3月15日には、「光復会」という韓国の独立有功者団体を訪れ、土下座までしました。感情面はともかく、歴史的に併合時代に飛躍的な発展を遂げたのはすでに証明されている事実です。しかし、そんな話が通じるはずもありません。まだまだ、こんな社会です。「日本と戦う」という意味で「竹槍歌」という反日ソングを流していた政治家が若い層から支持を得ているというニュースはあっても、その逆は聞いたことがありません。先ほども書きましたが、ゲームやアニメなどの日本作品が発売禁止など理不尽な被害にあっても、「早く遊びたかった」と愚痴る人はいても、その理不尽さに異論を提起する人はほとんどいません。「それはそうだけど、私は遊びたかったんだよ」レベルです。

アイデンティティは、人の生き方に「道徳」としての機能を果たします。古い本ですが、1899年のアメリカで発売され、欧米での日本観に大きな影響を及ぼした新渡戸稲造《にとべいなぞう》著『武士道』を読んでみると、「キリスト教のような宗教がないなら、人々はどこから道徳を学ぶのか」と、欧米の友人が日本人の道徳観を不思議に思う場面が出てきます。日本からすると、「えっ、じゃ宗教から道徳を学ぶのですか?」と、欧米のほうが不思議だったりしますが、欧米の文化において、キリスト教の教えは宗教的な側面(教義)だけでなく、生活的な側面(道徳)でも大きな影響力を発揮しました。難しく考えることもないでしょう。「弱者を助ける」などがそうです。私も一時、キリスト教徒だったことがありますが、「罪を犯したことがない人だけ、石を投げなさい(他人を判断しようとする前に、自分自身で基準を守っているのか省みなさい)」などは、「私には他人の道徳性を判断する資格がある」と思い込む人が多くなった最近の社会において、なかなか心に響く教えであるといまも思います。そして、こうした「宗教の教理から来る道徳観」に、韓国の反日思想はとても似ています。学校で直接教えるかどうかより、「どこにいても」その影響を受けるからです。

「陣営論理」という新しいモンスター

百歩譲って、最近の若者においては、反日思想という呪縛が多少ゆるくなったとしましょう。しかし、2030には「陣営論理」という新しいモンスターが取り憑《つ》いています。どちらの陣営なのかという陣営論理は、朝鮮半島の歴史とともに、いつの時代にもありました。朝鮮時代のダンパサウム（党派争い）は特に有名で、とにかく嫌というほど陣営同士で対立を繰り返しました。そして、最近の2030の陣営論理は、ネットの力とともにあります。本書の最初の部分、「その3」にも書きましたが、盧武鉉大統領の当選は、ネットの普及と強く関係しており、その結果、延長された左派政権は、いまでも韓国社会の多くの部分を「占領」しています。有名なのが、「韓国の4050は、左派支持が多い」という現状です。

『朝鮮日報』（２０２４年３月23日）はこの現象を、韓国特有のものとしながら、こう書いています。

「韓国では40代・50代がもっとも進歩派（※リベラル派、左派）世代になっている」

「他の世代とは異なり、４０５０の進歩・左派傾向は、理念の孤島のように浮いている。彼らは10年前も、20年前も進歩的だった。彼らが自ら感じる文化・政治的効能感は、他の世代の追従を許さない。いったい、どれだけ熱いものを胸に抱いて生きているのやら」

国にもよるし、時期にもよるとは思いますが、普通、40・50代になると、安定を求める傾向とともに保守（右派）支持が強くなります。しかし、韓国では逆です。４０５０はいわゆる「２次ベビーブーム」世代で、40代が７９２万人、50代が８６９万人と、全世代でもっとも人数が多い世代です。ちなみに、記事によると30代が６５７万人、20代が６１９万人、10代が４６５万人、10歳未満が３３３万人です。盧武鉉大統領が当選せず、左派政権が5年で終わったなら、彼らがここまで「左折」したでしょうか。個人的に、そうではないだろうと思っています。「ネットの後押しによる盧武鉉大統領の当選」は、韓国現代史における大事件だったと、私は見ています。余談ですが、『韓国ギャラップ』（２０２４

年3月3週目調査）によれば、いまの２０３０は18〜29歳で左派政党支持が31％、右派政党支持が16％、支持政党なしが53％、30代で左派政党支持が39％、右派政党支持が27％、支持政党なしが34％となっているそうです。２０３０の場合は、他の世代よりも「絶対に支持する」という人は少ないほうで、案件によって支持政党が変わったりもしますが、その一方で、40代は左派政党支持が54％、右派政党支持が23％、50代は左派政党支持が53％、右派政党支持が30％です。60代になると保守支持が強くなり、70代は圧倒的に保守支持です。韓国の左派は、北朝鮮への宥和《ゆうわ》政策を主張する人が多く、反共教育の影響が強く残っている世代とは相性が思わしくありません。

１９９８年（選挙は１９９７年）のＩＭＦ措置（財政破綻）で、一般的に「保守」または「右派」とされる既存政権から、「進歩（リベラルまたは左派）」とされる陣営に政権交代しました。金大中《キムデジュン》氏はもともと韓国の民主化運動を支えてきたカリスマ的な政治家で、強い反共思想を持っていた軍事政権と戦いながら民主化運動を進めてきました。彼は大統領になってから画期的ともいえる北朝鮮への宥和政策、日本では「太陽政策」として知られる「日差し政策」を敢行しました。一時はすぐにでも南北統一できそうな勢いがあり、

「南北統一して日本より強大国になる」などと国民的人気も高かったのですが、結局はこれといった成果を出せず、息子3人が不正により裁判にかけられるなど人気は急落し、次の政権はまた保守派になると言われていました。韓国の大統領制度は、同じ人は大統領に連任・重任できない「5年単任制度」です。1980年代、国民全員による直接選挙ではなく選挙人団投票だけで軍人出身の大統領が長期政権を築く時代があったので、同じことを防ぐ趣旨でこうなりました。

そして、韓国では与野党の政権交代が起こると、前政権がやっていたことはすべてひっくり返るのが基本です。いまの尹政権も、前任の文政権の政策をすべてひっくり返しました。大統領選挙で尹氏が当選、大統領職引受委員会が政権交代の手続きに入り、いくつか政権の主要政策を発表したとき、一部メディアから「前の政権と同じ政策は、日本の福島原発処理水に対して輸入規制を続けるなど強いスタンスを取ることだけ」と言われたりしました。言い換えれば、それ以外はすべて変わる、という意味です。

与野党で政権交代が起こった場合の5年と起こらなかった場合の10年では、「残せるもの」がまったく違います。たとえば、韓国が財政破綻した1997年以降、保守または左派政権が「2政権連続」で続いたのは、金大中政権（1998年2月〜2003年2月）

と盧武鉉政権（２００３年２月～２００８年２月）の２回だけです。その後、保守に政権交代し、２０１３年２月までの李明博《イミョンバク》政権は、同じく保守の朴槿恵政権へ続きますが、朴大統領は国政壟断《ろうだん》（国政を私有化したなど）で弾劾され、２０１６年12月までしか任期を遂行できず、保守陣営も壊滅的打撃を受けました。それからは保守陣営自ら朴大統領の痕跡を消そうとしたので、残せたものはそう多くありません。実際、李明博～朴槿恵政権が残したものといえば、「大企業フレンドリー」による経済発展という経済政策の方向性以外は、ぱっとするものがありません。ただ、韓国の左派思想は「大企業は労働者の敵」「雇用主は悪で被雇用者は善である」という共産主義のような考え方が強いため、この大企業フレンドリー政策も政権交代で再び風向きが変わったりします。

一方、金大中・盧武鉉による10年間の左派政権は、10年という時間のなかで確実に「残せたもの」があります。それは、市民団体の政治団体化という、２０００年代の韓国社会における最大級の変化です。もともと韓国では、市民団体が左派系の政治家を支えていました。しかし、当時の執権勢力は軍事政権。とてつもなく強い反・共産主義教育を施していた政権です。よって、左派政権が誕生するまでは、市民団体は社会の主流にはなれない、どちらかというと「親・北朝鮮」の人たちの集まりという認識でした。そうした側面があるのも事実ではありますが、当時の軍事政権が「民主化運動は、それすなわち親北運動」という観点から民主化運動を潰してきたので、軍事政権がやりすぎたという側面も当然あります。

左派政権になってからは、市民団体が支持していた運動家たちが一気に政治家や自治体の権力者になりました。そして、彼らとの癒着の結果、市民団体は大きな力を得て、政治団体としての歩みを始めます。自治体関連の利権に関わったとかそういう話もいろいろありますが、もっとも重要なのは法律的な側面で、なにかを決めるために「市民の参加を必須とする」内容が増えたことです。たとえば、高高度ミサイル「THAAD（サード）」を在韓米軍に配備する件において、中国と北朝鮮が反対するなどの理由で、政府および市民団体は執拗《しつよう》に妨害工作を行いました。その際、環境評価のための委員会に「かならず市民の代表が参加すること」という条項があったため、それだけで2年以上も環境評価が行われませんでした。市民の代表といって市民団体の人ですから、その人が委員会に参加しないだけで、ミサイル配備はいつまでも延期される仕組みになっていたわけです。

「悪魔化」と韓国のポリコレ

このように、左派政権が10年間続いたことは、人々の考えや社会の権力構造など、実に多くの点で変化を巻き起こしました。残念ながら、いまのところ、それは肯定的な変化だったとは思えませんが、その変化を支えた強大な力が、韓国のネット普及です。「ネットで思想を変えられる」ことが、当時の韓国によって証明されたとでも言いましょうか。実際は、ネットの言説のなかで事実に基づいたものは少なく、多くは扇動《せんどう》にすぎませんでしたが。

なにごともそうですが「早期普及」には、肯定的な側面だけがあるわけではありません。ネットの怖さ、つまりは平気で嘘をつく人たちにとって不特定多数を相手に影響力を行使できる最強最悪のツールであるという恐ろしさに、まだ気づかない人が多かった頃。相応の注意喚起もなかった頃。ネットを中心に広がった思想の急激な変化は、いまだに多くの傷跡を残しています。

そうした変化を見て育った人たち、デジタル、ネットの「いいも悪いも利用者次第」という側面とその破壊力を誰よりよく知っている人たちが、いまの4050です。これが、彼らが左派支持のまま残っている大きな理由でしょう。

一方、いまの2030は「ネットとはそうしたもの」という受け止め方です。彼らを中心にネットで広まっている「陣営論理」について説明しましょう。

「陣営」の種類にもいろいろありますが、もっとも著しく表れているのが政党支持、右派支持か左派支持かです。ワンパターンですが、右派支持なら基本的に親日売国奴とされます（実際は違いますが、韓国では右派は親日とされます）。左派支持なら、北朝鮮のスパイとされます（これも人によりますが）。そして、双方ともにとにかく自陣営を「よし」とし、他陣営は無条件に悪いという、いわゆる「悪魔化」をします。結果、白くないのは黒いという考えのもと、「Aでなければならない」と「Bでなければならない」という二つの絶対的な教理が、衝突します。「Cでもよくない？」という意見は、両方から嫌われ、潰されます。少しでも違う意見を出すと、「お前はうちの陣営じゃないな？」ということになってしまうので、修正できません。余談ですが、韓国は最大野党「共に民主党」の党員が約480万人、与党「国民の力」の党員が約410万、すべての政党の党員を合わせると約1000万人もいると言われています。日本の自民党党員が100万人ほどで、イギリス、ドイツなどは全政党の党員を合わせても100万人ほどだとされています。いかに韓国で多くの人がいずれかの政党に属しているかがわかります。

「○○でなければならない」という二つの教理の衝突である陣営論理はネットを介して韓国社会に劇的な広がりを見せ、政治のみならず、実にさまざまな分野に影響を及ぼすことで、社会の数々の矛盾の修正を阻んでいます。そのひとつに、「男女嫌悪」問題があります。「男子の兵役で女子ばかりが得をしている」という話に反対すると、なぜか「お前は左派支持者だな?」ということになります。実際にそうなのかどうかはともかく、左派は女性に甘い(比較的、女性優待政策などをよく主張する)ということになっているからです。よって、いわゆるポリコレ、ポリティカル・コレクトネス、社会を正しくしていくという考えにおいても、韓国社会の2030は、他の国とはちょっと異なる姿を見せています。

欧米のポリコレのメインは、概ね多様性を認めようという方向性です。最近の一部のポリコレ支持者たちは、今までこの社会を支えてきた価値観そのものを「悪」にすることで、それと対立する自分を「正義」に見せようとしていますが、これは正義を語りながら悪に依存する構図にすぎません。そして、この残念な構図は、韓国の陣営論理そっくりです。

　善悪二元論のもっとも見苦しいところは、善を主張しながらも、実は悪に依存していることです。韓国の反日思想もそうですが、日本を悪にしないと、韓国（朝鮮）が正しかったという説明ができなくなります。同じ現象が、一部の「間違った」ポリコレにも見られます。過去の有名作品のキャラの人種を変えてリメイクすることが、「これぞポリコレだ」と名乗る最近の妙な流れも、その影響でしょう。悪を善に塗り替えたつもりかもしれませんが、実際はその悪（過去の有名作品など）の名声に依存することでしかありません。韓国の２０３０は、フェミニズム、フェミニストというものを必要以上に嫌います。なぜなら、それがそのまま「支持政党」すなわち「思想」の問題と関連づけられてしまうからです。たとえば「韓国の男女賃金の格差はＯＥＣＤ最悪だ。これをなんとかしないと」と発言しようものなら、真っ先に出てくる話は、「こいつは共に民主党（左派政党）の回し者だ」という批判です。こうした風潮が男女がお互いを敵視する「男女嫌悪」となり、ひいては少子化問題に影響しているという見解も出ています。

「〇〇でなければならない」の落とし穴

韓国側の記事には、「〇〇でなければならない」という表現が多すぎます。最近は日本語版もあり、私もそうですが一部を日本語訳にしてブログやSNSなどに意見を書くことも珍しくないので、目にされた方も多いでしょう。記事を読んでいると、どことなく「上から目線」、「上からの命令」のような印象を受けます。上下関係に基づく「教化（道徳的に劣弱な者を、道徳的に優れた者が教育して正しい道へ戻す）」といったイメージであり、儒教思想的なもののようにも見えます。逆に「自分に自信がない」から、単に自分を偉く見せようとするコンプレックスの表れかもしれません。劣等感は序列意識を必要以上に強くしますから。いずれにせよ、理由はともかく韓国人はとにかく「〇〇でなければならない」という言葉をよく使い、また、そういう言葉に弱いのが特徴です。

先ほども書きましたが、上から目線のニュアンスが常に存在し、1年の歳の差でも上下関係にこだわる韓国の社会的雰囲気。これはときに想像を超えた同調圧力となり、「法を守らないことへの言い訳（道徳的に正しくない法は守る必要がないとする）」として韓国社会に君臨してきました。そうした社会風潮への反作用、つまり「もうそんなことは嫌だ」という反発心の表出が、いまの２０３０の特徴のひとつである「選択的」であるなら、それは大いに「アリ」です。というか、とても望ましい現象でしょう。

しかし、「Aでなければならない」という善悪二元論による弊害を緩和するために必要なものは、「Aでなくてもいいではないでしょうか(BやCでもいいじゃないでしょうか)」とする考え方です。事柄にもよりますが、「○○でなければならない」は、「○○でもいいのでは」という意見とひとつになっていくことで、よりよい概念になります。時代によって強くも弱くもなるでしょうけれど、別に強いことが無条件いいわけではありません。「B」や「C」など「A以外」を認めるかどうかは、大勢の人たちの議論と時間を要するかもしれません。しかし、それでも別の意見の存在は認めなくてはなりません。そうでなければ、なにもかも崩れてしまうことを歴史上の独裁者たちが証明済みです。仮に「Aでなければならない」への反発が「Bでなければならない」という新たな「○○でなければならない」であれば、同じことの繰り返しで、単に迷惑が二つになってしまうだけです。

見方にもよりますが、韓国にはびこる善悪二元論や陣営論理こそデジタル的（0か1かの選択しかない）な気がします。もっとアナログ（柔軟さ）であることが必要ではないでしょうか。「二択だけ」は、一歩間違えると「他人とともに暮らす」という社会そのものの概念が成立しなくなります。

「白くないものは黒」という陣営論理は2000年代初頭からネットを中心に広がり、いまの2030たちもそれをそのまま受け継いでいるわけですが、代表的なものとして「反日思想」がひとつの踏み絵のようになっています。韓国の反日思想は、「民族」という概念とつながっているため、「民族→反日思想→陣営論理」というパターンで、社会的持論が修正されないまま残り続けています。「韓国人とは?」というテーマでなにかの問題を指摘し、「直す(修正する)」こと自体が、反日思想により、ある種の「反社会的なもの」になっています。「韓国人は相手が謝罪すればすぐ許す」など、民族的な側面おいては、その影響が計り知れません。

先ほど、併合時代の話をして謝罪した国会議員候補の話をしました。韓国では、併合時代について「人類史上最悪の違法植民地支配」以外の異見を出すことができません。実際には当時よくある国際条約による併合だったわけで、韓国(朝鮮)人全員が一致団結して独立運動をしたわけでもありませんが、そんな意見を出す人は、社会的に、場合によっては法律的に潰されてしまいます。その影響で出来上がり、いまも韓国の数々の社会的持論に強い影響を及ぼしているのが、「三・一運動精神」です。不義に抗う、独立を守る、などの意味がありますが、自主精神という側面もあります。いまの北朝鮮もそうですが、当時の韓国の独立運動は、「自主」「自民族」を最高の理想としていました。１９４８年、米軍や国連による総選挙で「大韓民国」が誕生しましたが、いまでも韓国の多くの学者は「民族単位の選挙ではなかったので（いまの北朝鮮側は参加していません）、完全な建国ではなかった」という立場を示しています。そして、言うまでもなく三・一運動精神は反日思想の塊です。

韓国が誇る「民族」の正体

韓国で、愛族（愛・民族）や愛国といった概念が聖域化されているのは、いつの時代も同じです。韓国で暮らした（「訪れた」だけではわかりづらい部分もあるでしょう）ことがある方は、街中で「民族」という言葉があまりにも当たり前のように聞こえてくることを不思議に思われたことでしょう。映画で、ドラマで、バラエティ番組で、ニュースで、本で、学校で、実にさまざまなシチュエーションで「民族」という言葉が出てきます。愛国をアピールするならまだわかりますが、このご時世、よくもこんなになんのためらいもなく民族という言葉が出てくるものです。

ちなみに、韓国のネットでは自国に対して過剰な称賛、または明らかに誇張された情報を流す人を「グクポン（国と麻薬を合わせた造語で、愛国に狂った人という意味）」と皮肉る人たちもいますが、それはあくまで「自分で自分をそこまで褒めるのは、他人を扇動するためだ」という意味であり、決して反日思想、自国優越主義そのものへの批判ではありません。それでも、そうした皮肉の対象にできるのならまだ余裕があるのではないか、といった見方も出来ますが、あくまで明らかに「過ぎた」反応に対するもの。韓国社会は、まだまだ民族という言葉が抵抗感なく多用される、そんな社会です。

韓国における民族意識、それは急造されたものにすぎません。固有語があるわけでもありません。昔からあるのであれば、ひとつぐらいあってもおかしくないはずですが……。後づけ的に単語の本来の意味を強引に変えた単語しかありません。たとえば、韓国で民族の固有語とされる「ギョレ」の場合（韓国大手メディア『ハンギョレ』新聞は、「ひとつの民族」という意味です）も、１９１０年代になってやっと民族という意味の単語〝という こと〞になりました。本当はそんな意味の単語ではありません。実際は、民族という単語は日本から借りてきたものなのです。歴史を見ても、同じ「民族」という概念があったとは思えないほど、奴隷を含む身分制度があり、その奴隷は世襲されました。他の国にも奴隷のような存在はありましたが、頑張れば豊かにもなれたし、親が奴隷という理由で子が奴隷になることもありませんでした。しかも、いまでも世界唯一の分断国家のまま。統一すべきという世論は日を追うごとに弱くなり、王朝が変われば前の王朝は見事なまでになかったことにされ、高麗《コリョ》の王朝だった「王」氏にいたっては、李氏朝鮮による同氏抹殺まで起きました（王氏はとりあえず殺されました）。どうも「民族」という概念が昔からあったとも思えないし、民族という言葉を自慢気に使うこと自体が不思議です。

もとを辿《たど》れば、日韓併合の前、１９００年代になった直後、併合に反対する道具として民族という概念が普及されました。私たちは実は５０００年前からあった民族で、すごい大帝国を築いていた民族なので、日本に屈すること（併合されること）はあってはならない、というのです。もちろん、考古学的になにか根拠があるわけではありません。先ほども書きましたが、「ギョレ」などの言葉が民族の意味として使われるようになったのも、この頃のことです。それでも多くの人たちは、日本から借りてきた「民族」という言葉で、5000年前の帝国を自慢していました。こうした経緯からすると、韓国の民族という概念は、最初から「反日」とつながっていた、いや、「反日のために生まれた」と言ってもいいでしょう。のちに、軍事政権で「愛国」という概念が「反共（反・北朝鮮）」、すなわち統一してひとつの国を取り返すという意味につながっていたことを考えると、こうした図式が、国民に「ウケやすい」国柄なのかもしれません。近代化される前のことならともかく、この二つの図式がいまでも続いていることは、嘆かわしいとしか言いようがありません。

民族と反日の蜜月関係

この「愛国と反共」、「愛族と反日」には、妙な相関関係がありました。愛国が強くなると反共が強くなり、反日が弱くなります。愛族が強くなると、反共が弱くなり、反日が強くなります。隣国である日本としては、まさしく迷惑千万な話です。2010年代あたり

（個人的な感覚の話で、詳しく年度を特定することはできませんが）までは、そうでした。この関係性に変化が現れたのが、２０１０年あたりからです。以下、この話をもう少し掘り下げてみます。まず、ある「一人」の独裁者が、愛国好きで愛族嫌いでした。独裁国家ではこれがなかなか重要で、ここで言う独裁者とは、賛否はともかく韓国という国でもっともいろいろなことをやった大統領、朴正熙《パクチョンヒ》氏のことです。賛否両論の人で、「やった」というか「やらかした」という人もいるし、「成し遂げた」という人もいます。

軍事政権時代には、ある種の「精神改革」的なキャンペーンが結構ありました。一般的には、１９６３年に大統領になった朴正熙氏から、全斗煥《チョンドゥファン》、盧泰愚《ノテウ》大統領の１９９３年までを、軍人出身者が大統領だったことから軍事政権と言います。ものすごい「愛国愛族（愛・民族）」「反共（反・共産）」思想が社会を強く支配していた時代で、経済発展など肯定的な評価とともに、独裁だったという否定的評価もある、そんな時代です。私もこの時代に義務教育を受けました。大統領の文句を言うだけで人が急に消えたり、テレビ番組が突然終わったりもする時代でした。噂ではありますが、テレビ放送中だった大人気アニメ『グレンダイザー（ＵＦＯロボ　グレンダイザー）』が、肩からカマのような武器を出すシーンを見た大統領夫人が放送関係者たちの前で、「まぁ、我が国の子供たちがこんな暴力的なアニメを見ているなんて」と一言して、そのままグレンダイザーの放送は終了になったという話も聞きます。実際、当時のロボットアニメの大ファンの私も、グレンダイザーのことはマジンガーZやグレートマジンガーなど同じアニメシリーズのロボット（主人公は全員韓国人設定で、韓国でも最終回まで放送されました）に比べると、あまり馴染みがありません。なんというか、まあそんな時代でした。

にもかかわらず、軍事政権時代には「私たちはこうではダメだ」とするキャンペーンは積極的に行われました。もっとも多いのが、いわゆる市民意識、公衆道徳、真面目さ、勤勉さ、そんなものでした。もともと朝鮮半島に近代教育が普及したのは併合時代で、戦後、韓国は教育に関する法律なども日本のものをそのままコピーしていたので、「改革」のロールモデルとされたのも日本でした。愛国も、愛族も、まさに強調されすぎていた時代である一方、反共とは別に内部の私たちの精神から叩き直さないといけないという意識が、全国民的な共感を得ており、その憧れが日本だったわけです。挑戦精神というか、「私たちはまだまだ」だという考えがありました。朴政権から始まった全国規模の社会・経済・

意識改革キャンペーンである「セマウル運動」でも、私たちはまだまだ、もっと頑張ろう、という考えが根底にありました。

いまの40代以上の韓国人が日本について抱く「日本はすごい」というイメージのほとんどが、その時代に作られました。なかには、「日本人は節約大好きで、スーツも一生一着だけで過ごす」など、わけがわからないものもありますが。いずれにせよ、「国民性はこうであるべき」「先進国とはこうであるべき」として提示される事例のほとんどが、日本でした。逆に、どうしても日本を見下すために「日本人の女は、頼めばすぐ服を脱いでヌード写真を撮らせてくれる」など、嘘を広げる人たちもいました。しかし、欧米より特に日本が「ウケ」がよかったのは隣国、そして同じアジアというのもありますが、もう少し政治的な理由があります。朴大統領本人が、(併合時代に)日本軍士官学校出身で、併合時代を前後して朝鮮半島に流行った自民族優越主義について、あまりよい感情を持っていなかったからだと言われています。

ここで注意すべきは、朴政権が反日政策をやらなかったわけではないという点です。竹島問題など、多くの「反日事案」が、このときにもそのままありました。しかし、彼は国家の安全保障のため日・米との連携がなにより重要だと認識していたため、国民に「いまの日本」のよいイメージを強調しようとしました。先ほどの「日本すごい」には、そうした側面もあります。次の全政権でも、「克日（もっと努力して日本に勝つ）」のための努力を強調するなど、似たような流れがありました。ただ、それでも国民の反日感情は根強く、政権としてもそれを気にして、学校での反日的な教育（一方的な加害者と被害者の関係としての歴史観）を続けたため、「日本を学ぼう」や「克日」が世論として定着することはありませんでした。

「メッセンジャーを殺せ」

当時も、韓国にはそうした政権の「日本推し」（実際は推しでもなんでもなかったですが）を快く思わない人たちが大勢いました。しかし、当時は政府、特に大統領の権力が強すぎて、これといって文句を言うことができませんでした。

そして、金泳三《キムヨンサム》政権になってから、軍事政権は没落します。右派の大統領候補だった金氏は、大統領就任以降、軍事政権を敵視し、その不正を徹底的に掘り返しました。その後、経済が破綻し、ＩＭＦに経済主権を預けることになり、金大中政権から「左派政権」がスタートします。

この左派政権において、それまで国是とされてきた「反共思想」を打ち消す動きが活発化します。韓国の左派は「民族（親北）」中心で、北朝鮮の思想に酔いしれていた活動家出身の政治家も多いため、彼らは軍事政権の没落と経済の破綻を、そのまま反共思想の没落に結びつけようとしました。まず軍事政権の数々の不正が明らかになり、そして、ネットの急速な普及による情報（嘘の情報も含めて）の急速な拡散が可能になったことで、反共思想が急速に弱体化していきます。一連の流れでもっとも影響が大きかったのは、「反日思想を強調することで、反共思想を弱体化させた」ことです。この時点から、ネットを中心に反日思想が急激に拡散し、「私たちの敵は、北朝鮮ではなく日本」、「もとを辿れば、朝鮮戦争は日本による違法占領（併合）が原因」、「北朝鮮も韓国も、同じく日本による被害者」などの主張が、そのまま「定説」となります。

その後、韓国では「右派は親日、左派は反日」という妙な公式が定説になりました。ですが、結論から言えばこれは間違いです。なぜなら双方ともに、反日思想が基底にあり、表面的な外交路線の差があるだけです。実際、右派政権のいまの韓国においても、「親日」という言葉は、人を社会的に抹殺できる十分な力を持っています。

韓国では、「メッセージが気に入らないなら、メッセンジャーを殺す」ことになっています。他の国でも似たような表現があって、多少は別の意味として使われると聞いていますが、韓国では「ある内容がまずいなら、それが『どういう内容なのか』ではなく『誰が言ったのか』を問題にして、まるごと潰してしまえばいい」という、文字通りの意味です。韓国内でも非難されるやり方ですが、いまだに韓国社会で力を発揮しています。

もっともわかりやすい事例として、2021年、ハーバード大学ロー・スクールのジョン・マーク・ラムザイヤー教授の件があります。当時、ラムザイヤー教授は、慰安婦問題について、戦時売春というビジネス的な観点（当時の貧しい家柄の女性としてできる限りのビジネスチャンスを得ようとしていた、など）からアプローチした論文を作成しました。しかし、韓国系団体および一部の人権派学者たちが反発し、ラムザイヤー教授を苦しめました。当時、韓国では論文の内容ではなく、ほとんどが「ラムザイヤー教授は親日な人」「日本企業が出した金でできた教授枠」などとしながら、メッセージ（内容）ではなく人

（ラムザイヤー教授）を攻めました。「論文には論文で反論してほしい」という意見もあったものの、無視されました。このようなやり方において、「親日派」というのは、「やっつけるべきメッセンジャー」として格別の意味を持っています。まさしく社会的に人を抹殺できるほどの力を持つ単語です。

２０２０年8月20日、『朝鮮日報』のニューヨーク特派員が「反日は、当時なにかやったことも、生まれてすらいなかった人たちの、究極の道徳免許になった」と書いたことがありますが、まさにそのとおりです。道徳免許とは、２０００年代になってから欧米の一部の大学で出てきた皮肉の言葉です。「自分で自分に発行した道徳免許（moral self-licensing）」、すなわち自分は倫理的に上位の存在なので、自分より非倫理的な相手に対しては、規則を無視したどんなことをしても問題にならないという意味です。

このような免許の下、「韓国人は〇〇だから、その部分を直そう」という意見もまた、「日本の主張に同調することだ」と却下されるようになりました。日本が朝鮮を併合するとき、朝鮮民族をわざと無能な民族として、日本民族に同和するようにしかけた、そんな嘘が信じられていました。だから、韓国人の問題を指摘するのは、日本に同調すること、いわば「植民地根性」にすぎない、そう言われるようになりました。逆に、「謝罪するとすぐ許す」のように民族を美化する嘘が大幅に増え、広がりました。

いまでも右派支持の人たちは、日本の悪口を言う人たちを「あいつは左派だな」、「共に民主党の党員か?」とします。逆に、左派支持の人たちは、日本を褒める人たちを「親日派」、「国民の力からいくらもらった?」などとします。陣営論理による、新しいレッテル貼りの形とでも言いましょうか。しかし、この戦い(?)は、右派が圧倒的に不利です。なぜなら、右派支持者とて、反日思想の基本は同じだからです。政治家など有名人が「反日主義者」とされたところで、これといって損することはありません。しかし、「親日派」とされると、いろいろまずいことになります。こうした雰囲気が、韓国のゆがんだ「社会的持論もどき」に含まれる矛盾を修正できなかった、ひとつの理由です。これだけがすべてではないでしょう。しかし、確実に影響していると、自信を持って言えます。なにせ、私も親日派とされて、地上波放送局に追いかけられたことがありますから(笑)。

第七章

「結局、お金」は、どこまで続いていくのか？

強者を批判しながら、自分も強者になりたいと願う

高麗大学校のカン・スドル名誉教授の見解（『世界日報』2022年1月29日）を借りれば、韓国の現代史は、「強い者たちに適応して、自分も『強者』（あるいは強者の仲間）になって、支配される前に支配する」ことの連続でした。「強者同一視」と言われるもので、強者を非難しながらも、結局は強者と同じになりたい、そんな心理が強いという意味です。

既得権益勢力である強者のグループに属したい、私もああやって偉そうに生きてみたい、社会構成員たちはただそれだけを願っていた、というのです。既得権益勢力になるための競争が激化し、勉強をするとしても、それは「学び」などレベルの高い目的のためではなく、「既得権に進入できるかどうか」だけが基準でした。そして、そうやって既得権に編入できた一握りの人たちは、享受するすべてのものに対して、「私はこれを享受できて当たり前だ」と思うようになりました。

記事には、「韓国の社会構成員たちは、無視するか無視されるか、その二択しかないと

信じている」という話が出てきます。短くよくまとめた文章です。教授は、この強者同一視の心理は、幼い子供たちからも見られるとします。「子供が喧嘩をするとき、『お前のお父さんは警察だろう、ボクのお父さんは検事だからボクが偉いんだ』と言ったり、『オマエの家よりうちの家が2倍は広いからボクが偉いんだぞ』と言ったりします」というのです。優越感、あるいは劣等感を、ためらいなく丸出しにする発言であり、だから「既得権益勢力を非難しながらも、その勢力の一員になることに憧れる」心理とも関係している、と説明します。

本書では「物質主義」と書いていますが、つまりは「私も強者になりたい」という心理が、韓国社会の唯一の持論でした。私の世代では、どんな社会的持論があったのか、ちょっと考えてみましたが、やはり教科書などで教えられた「忠孝精神」を真っ先に思い出します。「反共思想」かなとも思いましたが、忠孝のほうが範囲が広いので、やはりこちらです。

1980年代、社会的持論として広く影響力を誇った「忠孝精神」は、行きすぎた物質主義と一致していました。まともな忠孝精神からは遠く離れ、「忠」も「孝」も政権の道具でしかなく、政権に服従することを示す、ある種の踏み絵であり、物質的に成功するための手段でした。ですが、実際に人々を魅了した「強者になる道」、本書的に書き換えれば「家門が栄える」道は、まったく別にありました。

いまの４０５０に「韓国で出世するためにもっとも必要とされる三つはなんですか」と聞くと、こう答えるでしょう。

「地縁」、「学縁」、「血縁」。

権力を持つ人と同じ地（故郷）出身か、同じ学校出身か、それとも親戚かです。悲しい話ですが、日本でも「親ガチャ」という言葉を冗談っぽく使う人たちがいますが、それよりもずっと前、韓国では「縁ガチャ」が生殺与奪の力を持つ社会があったわけです。血縁ならともかく、故郷や学校ってなんだ、と思われるかもしれませんが、もともと韓国はそういう「個人的な関係」で「ウリ（私たち）」という閉鎖的なネットワークを作り、それをさらなる権力の拡大に使いながら発展しました。

いまも政治家と市民団体の癒着（政治家を応援する市民団体の人だけが工事を受注でき

るなどのパターン）が絶えず、社会問題になっています。１９８０年代の政治家たちの権力は、まさに独裁であり、想像を超えるものでした。忠孝は、地も学も血も縁がない人たちが出世できる、政権への「コード合わせ」という側面が強かったわけです。漫画を描くにも忠孝にすれば出版社が栄える、北朝鮮のスパイを叩き潰すアニメを作れば全国の学校が学生を動員してくれる、小学生が作文をするにも（親や先生の指令で）忠孝にする、忠孝、忠孝、忠孝、もうなにがなんでも忠孝でした。そして、それらの一番の社会的機能は「索敵」でした。忠孝一辺倒に社会を染め上げることで、異論を唱える人間を「敵」としてあぶり出すのです。一度でも「敵」として認定されると、人生終了でした。

「コード合わせ」でしかない「忠孝精神」

「忠」は北朝鮮との関係において、愛国心を刺激し、兵役制度や反共教育を合理化するために、とても有効でした。「孝」は、老後（老後福祉）制度の遅れに対する言い訳として機能しました。「親の面倒を見るのは長男の仕事だ」というだけで、国民の老後についての問題提起はすべて無効化されました。また、孝は敬老につながり、さらに広がって「みんな家族」という概念にまで拡大される傾向があり、これは「愛族」、すなわち民族への愛にも通じるものがありました。「忠」ほどではないにせよ、統一教育のために役に立った側面もあるわけです。決して、忠（愛国など）と孝（親孝行など）を貶《おとし》めるつもりはありませんが、意図的にせよそうでないにせよ、当時の政府に社会秩序を形成するためのある種の道具とされていたのは事実です。韓国ではこういう「政府の路線に合わせる」ことを、「コードを合わせる」と言います。

実際、私が子供だった頃、教育的だとされたものやなにかの賞をもらった漫画、ドラマ、教科書に載っていた偉人のエピソード、そんなものはほとんどが忠孝関連でした。朝鮮時代、日本でいう「特攻（自爆攻撃）」で死ぬ軍人の話、負けるとわかっていても敵軍と戦って死んだ三国時代の若い青年の話、朝鮮時代に濡れ衣を着せられながらも王に忠誠する姿勢を失わず死を選んだ臣下の話、北朝鮮のスパイを捕まえる少年少女たちの活躍、そして、敬老を貫いて金銀財宝を手に入れる親孝行の話などです。しかし、結局は三つの「縁」を持っている人たち、強者および強者の仲間が最強で、忠孝はそれ以外の人たちにとっての「出世のためのコード合わせ」でした。

関連した話として、「ソンビ精神」についてもちょっとだけ書いてみます。これは、忠孝から派生した概念です。儒教思想はいまでも韓国人の精神世界に大きな影響を与えており、軍事政権で強調した忠孝精神もまた儒教思想あってこそのものだったわけですが、1990年代からは、この「ソンビ精神」が絶対的な善のように崇められるようになり、いまでも強い影響を及ぼしています。

朝鮮時代に儒教思想、特に朱子学を勉強する人たちを「ソンビ」と言いました。もともとは「人徳があって礼儀正しい人」などをそう呼んでいました。「紳士」のような意味合いでしょう。しかし、朝鮮時代に彼らが政治の中心に入ると文官、あるいはそうなるために儒教関連の学問を勉強する人たちのことを意味するようになりました。韓国人がソンビに対して抱いているもっとも一般的なイメージは、「清貧」という言葉に集約されます。貧しくてもいつも清らかに生きる、ああ美しい、というのです。1990年代にソンビ精神が流行したのも、こうしたイメージと関係しています。

1990年代、韓国は「正義」と信じていた軍事政権が崩壊し、「清廉潔白」という概念がなにより求められていました。しかも、どんどん経済が苦しくなり、1997年には完全に破綻、ＩＭＦの管理下に入るという、自称「優秀な民族」にしては致命的な屈辱を味わいました。そんな時期、「貧しくても清らかに」という概念が流行ったわけです。しかし、朝鮮時代のソンビたちが本当に清貧、清廉潔白な存在だったのでしょうか。

結論から言えば、それは違います。結局、朝鮮時代は「お金」でソンビの座などいくらでも買える時代でした。家系図などの取り引きで、両班（ヤンバン、貴族階級）などいくらでも買えました。それが朝鮮の崩壊の理由でもあります。丁若鏞《チョンヤギョン》（１７６２〜１８３６）という学者が、当時の身分制度の状態を『身布議』という文書にこう書き残しています。

「両班にならないと、軍布免除にならない（※無償で兵役免除にならない）から、とにかく民は誰もが両班になりたくて仕方がない。地方の士族名簿に名前を書いてもらっては両班だと言うし、偽物の家系図で両班だと言うし、故郷からわざと遠いところ（※自分を知っている人がいないところ）まで行っては両班のふりをするし、文官志望の生徒の頭巾をかぶって官吏登用試験場に入ると、そのときから両班だ。こんな風潮が隠密に溢れ、年々増え、月々増えている。このままでは、国中が両班だけになってしまうのだろう」

理由は、兵役だけではないでしょうし、すでに1800年代になってからは、両班の数が急増していました。人をお金で売買する最悪の身分制が存在した朝鮮の支配階級、両班の自業自得という側面もあります。朝鮮末期には、お金さえあれば両班階級を買うのは容《た》易《やす》く、結局、身分制の崩壊、社会そのものの崩壊を招きました。

2030の10年後、20年後

他にも2011年、西《ソ》江《ガン》大学校のキェ・スンボン教授が書いた『私たちが知っているソンビなど、いない』という本を読んでみると、朝鮮時代にソンビとされた人たちも、結局は物質主義でものを言う人たちでした。韓国の「紙幣」に描かれている学者たちも含めて、結局はものすごい財力を持つ人たちで、大勢の奴隷（奴婢《ぬひ》）を使役する立場の人たちです。彼らに、いまの韓国社会が求める「清貧」などどこにもなかった。特に朝鮮末期の儒教学者たちは、本当は朝鮮という国が滅んだ責任を取るべきなのに、日本に対する独立運動に参加（実際は、自分で戦わずに活動家にお金を出すなど）したことで、韓国社会は彼らをちゃんと判断せずにいる、という内容もあります。韓国でこうした内容を書くのは、容易なことではありません。先ほど「反日思想のせいで、まともな批判もできなくなった」と書いたばかりですが、ゾンビという概念、特に朝鮮の有力儒教学者たちに対しても、同じことが起きているわけです。

このように、どこをどう考えてみても「結局はお金」でした。連綿と続く、こうした流れのなかで生まれ育った人たちが、いくら個人主義化して、ネットを使い、公正に憧れ、投資に没頭しても、結局はお金、お金。そうなってしまうのは、仕方ないことかもしれません。この呪縛から逃れられるのは、一握りの人たちだけでしょう。

２０３０たちは、果たして被害者なのか加害者なのか。選択的に生きているのか、虫がよすぎるのか。どこをどう見るかで、悲しくもあり、怖くもあります。「ヨンクル」などでは、どこか笑ってしまいたい気分にもなります。ただ、ひとつ言えるのは、どれだけ美化しようとも、社会には「変わらないなにか」があり、若い世代はそのなかで生まれ育つしかありません。

いまの２０３０たちは、この問題が10年後、20年後の２０３０たちにもそのままつながると、無意識的に知っているのかもしれません。それが、世界に衝撃を与えている、韓国の少子化問題の一因ではないでしょうか。

子供を守りたいという本能、それとも恐怖。いままでいろいろ憂鬱な内容の原稿を書いてきましたが、本書はそのなかでも、もっとも苦しかった気がします。

恐ろしい話を恐ろしい観点から見た恐ろしい原稿を、最後までお読みくださって本当にありがとうございます。

シンシアリー　SincereLEE

1970年代、韓国生まれ、韓国育ちの生粋の韓国人。歯科医院を休業し、2017年春より日本へ移住。2023年帰化。母から日韓併合時代に学んだ日本語を教えられ、子供のころから日本の雑誌やアニメで日本語に親しんできた。また、日本の地上波放送のテレビを録画したビデオなどから日本の姿を知り、日本の雑誌や書籍からも、韓国で敵視している日本はどこにも存在しないことを知る。

アメリカの行政学者アレイン・アイルランドが1926年に発表した「The New Korea」に書かれた、韓国が声高に叫ぶ「人類史上最悪の植民地支配」とはおよそかけ離れた日韓併合の真実を世に知らしめるために始めた、韓国の反日思想への皮肉を綴った日記「シンシアリーのブログ」は1日10万PVを超え、日本人に愛読されている。

初めての著書『韓国人による恥韓論』、第2弾『韓国人による沈韓論』、第3弾『韓国人が暴く黒韓史』、第4弾『韓国人による震韓論』、第5弾『韓国人による嘘韓論』から、第17弾『韓国人の借金経済』、第18弾『韓国の絶望 日本の希望』（扶桑社新書）にいたるまで、著書累計は70万部超のベストセラーとなる。

Z世代の闇　物質主義に支配される韓国の若者たち

発行日　2024年5月10日　初版第1刷発行

著　者　シンシアリー
発行者　秋尾弘史
発行所　株式会社 扶桑社
〒105-8070
東京都港区海岸1-2-20　汐留ビルディング
電話　03-5843-8842（編集）
03-5843-8143（メールセンター）
www.fusosha.co.jp

DTP制作　株式会社 Office SASAI
校　正　創作工房
カバーデザイン　小栗山雄司

印刷・製本　株式会社 広済堂ネクスト

Printed in Japan　ISBN978-4-594-09748-6